Ludwig Bechstein

Kunstfleiß und Gewerbfleiß in einigen einfachen, wahrheitstreuen Lebensbildern geschildert von Ludwig Bechstein

Ludwig Bechstein

Kunstfleiß und Gewerbfleiß in einigen einfachen, wahrheitstreuen Lebensbildern geschildert von Ludwig Bechstein

ISBN/EAN: 9783743363557

Hergestellt in Europa, USA, Kanada, Australien, Japan

Cover: Foto ©ninafisch / pixelio.de

Manufactured and distributed by brebook publishing software (www.brebook.com)

Ludwig Bechstein

Kunstfleiß und Gewerbfleiß in einigen einfachen, wahrheitstreuen Lebensbildern geschildert von Ludwig Bechstein

Kunstfleiß
und
Gewerbfleiß.

In

einigen einfachen, wahrheittreuen

Lebensbildern

geschildert

von

Ludwig Bechstein.

Leipzig
Verlag von Otto Wigand
1860.

Vorwort.

Am 16. Juni des Jahres 1859 schloß sich das Leben eines der bedeutendsten Industriellen der Neuzeit ab. Dieser war Johann Christian Wilhelm Sattler. Seinem Andenken ist vorliegende von Freundeshand verfaßte Schrift gewidmet, die nach mancher Seite hin und in vielfacher Beziehung Antheil wecken dürfte. Dieselbe sollte in keiner Weise romantisch aufgefaßt und dargestellt erscheinen, und doch auch keine völlig trockene Biographie werden.

Da nun ein Menschenleben besser im Zusammenhange mit Denen geschildert wird, die auf dasselbe einwirkten, und mit Anderen, auf die es hinwiederum selbst einwirkte, so wurde diese Lebensschilderung durch einige mit ihr im Zusammenhang stehende Künstlerbiographieen erweitert, und so der Titel gerechtfertigt, indem Kunstfleiß und Gewerbfleiß in glücklichster Harmonie die beiden Hauptträger und Stützen des thätigen Lebens Wilhelm Sattlers wurden, freilich im Bunde mit der Fähigkeit, verliehene gute Gaben wohl zu nutzen, mit dem Talente Ausdauer und geschäftlichen Scharfblick zu verbinden und mit der Gunst des Glückes, deren Mangel so häufig auch der redlichste Fleiß schmerzlich empfinden muß.

Daß der erstere Theil dieser Schrift manchen neuen Beitrag zur deutschen K u n s t g e s ch i ch t e liefert, wird Denen willkommen sein, die derselben ihren Antheil zulenken. Kunstbiographische Werke können, namentlich wenn sie nicht Monographieen, sondern mehr Künstlerlexika sind, in Einzelnheiten nicht eingehen, und doch bietet jedes wahrhafte Künstlerleben ein erhöhtes Interesse dar, wenn es vom ersten Keime seiner Entwickelung an bis zu seiner Vollendung klar vor Augen liegt.

Vorzugsweise und ungesucht ist nun dieses Buch eine L o b = r e d e — nicht der geschilderten Personen und Thätigkeiten, was es keineswegs sein soll — geworden, sondern des **Fleißes**, und von diesem Standpunkte aus wünscht der Verfasser dieser Schrift dieselbe betrachtet und gewürdigt.

Des Lesers Blick lenke sich der zweiten Hälfte des vorigen Jahrhunderts zu. In der alten Reichsstadt Schweinfurt blüht in ehrsamer Bürgerlichkeit eine von ihren Zeitgenossen anerkannte und hochgeschätzte Künstlerfamilie, auch in weiten Kreisen bekannt, und noch immer dem Gedächtniß der Nachwelt unvergessen. Es ist die Familie des wackern Kunstmalers Conrad Geiger, der in rühriger Thätigkeit mit Fleiß und unermüdetem Eifer schaffend, der Kunst als einer ihrer treuesten Jünger dient, dem es aber schwer genug gemacht worden war, seinem Jugend-Ideale nachzustreben und dasselbe nach unsäglichen Mühen zu erreichen, um ihm dann mit Freudigkeit bis an sein Lebensende ganz und ausschließlich anzugehören.

Wenn der Freund deutscher Malerkunst, dem der Name Geiger möglicherweise noch fremd sein dürfte, in Dr. G. K. Naglers Buche: Neues allgemeines Künstler-Lexikon — diesen Namen sucht, so findet er Band V. Seite 63 — 65 eine ganze zahlreiche Gruppe von Trägern desselben, die aber nicht sämmtlich zu einer Familie gehörten.

So gehörte der Historienmaler Franz Joseph Geiger, der 1674 in München thätig war, aus Landshut gebürtig, wo er mehrere Kirchen mit Bildern schmückte, einer andern Familie an.

Ein Jacob Geiger befand sich in der zweiten Hälfte desselben Jahrhunderts in Ulm, ebenfalls Kirchenmaler.

Andreas Geiger, Kupferstecher in Schwarzkunst, 1765 zu Wien geboren, war auch kein Verwandter Conrad Geigers. Ein Bruder des letztern zog zwar nach Wien, war aber Kaufmann und starb kinderlos daselbst um das Jahr 1810.

Im bayrischen Künstler-Lexikon von Felix Joseph Lipowsky, München 1810, steht:

„Geiger (Conrad) ein Maler zu München. Westenrieder 354. Er war zu Erlangen 1750 geboren, malte einige Zeit in Nürnberg Porträts und begab sich alsdann nach München, wo er als Bürger sich bleibend niederließ. V. Obermayer Ms."

Hier ist statt München zweimal Schweinfurt und 1751 zu setzen, um die Angabe richtig zu machen.

Das Künstlerleben Conrad Geigers war ein vielfach bewegtes. Er hat Vieles daraus eigenhändig aufgezeichnet, und es soll dieß nun im Auszuge und der heutigen Rechtschreibung angepaßt, hier folgen, denn es ist immer anziehend, Selbsterlebtes aus dem eigenen Munde derer schildern zu hören, die es erlebten, weil sie ihre eigensten Gedanken und Gefühle meist wahrheittreu aussprechen, wenn auch hie und da nöthig wird, eine Erläuterung oder Erweiterung zum bessern Verständniß des Lesers einzuschalten.

Conrad Geiger wurde am 18. Februar des Jahres 1751 zu Erlangen (Altstadt) geboren, wo sein Vater ein Bierbrauereigeschäft, mit Schänkwirthschaft verbunden, betrieb und zugleich das Amt eines städtischen Viertelsmeisters bekleidete. Nur erst 6 Monate alt, verlor Conrad schon seine Mutter, doch nahmen sich seine Großmutter und deren Mann, Stiefvater vom Vater Conrads, des mutterlosen Kindes an und begannen dessen Erziehung in dem Nürnbergischen Dorfe Tennenlohe, eine Stunde von Erlangen, wo der erwähnte Mann Förster war und ein gutes Einkommen hatte. Aus seiner Knabenzeit erzählt Conrad zunächst:

„In Tennenlohe ging ich mit andern Bauernjungen in die Schule und nahm Theil an deren Spielen, doch fühlte ich mich dabei oft gelangweilt. Mein größtes Vergnügen war, wenn ich mit meinen Großeltern oder Verwandten einige Stunden weit fahren oder gehen durfte, denn ich besah fremde Gegenden schon damals mit Vergnügen und ungemeiner Empfindung."

„Es begann der siebenjährige Krieg. Die Landstraße von Erlangen nach Nürnberg führt durch Tennenlohe, und es gab durch die zahlreichen Durchmärsche der Kaiserlichen und der Reichs-Armee immer etwas Neues für die jugendliche Schaulust."

„So kam auch ein Commando ungarischer Husaren auf Ordonnanz in das Dorf, dessen Unteroffizier ein schöner Mann von charaktervollem Aussehen war. Ich sah ihn in seiner prächtigen Militairtracht in der Kirche und er sprach, da er nicht deutsch verstand, nach dem Gottesdienst mit unserm Herrn Pfarrer lateinisch. Dieser schöne Husar gefiel mir ausnehmend wohl; ich ging nach Hause und zeichnete ihn in seiner Stellung in völliger Montur mit Pelzmütze, Schnüren, blauem Dollman, Pelz, rother Tasche, mit den bequasteten und besporntem Halbstiefeln auf einen halben Bogen Papier, gab mir auch alle Mühe, dem Bilde einige Portraitähnlichkeit zu verleihen, was ebenfalls gelang. Sobald ich das Bild mit Wasserfarben angemalt hatte, eilte ich damit wieder in das Dorf, wo es große Verwunderung erregte, von einer Hand in die andere ging und zuletzt in die des Husaren selbst, der viele Freude an dem Bilde hatte und es mir nicht wieder gab, wohl aber einige Groschen dafür mir zum Geschenk machte. Eigentlich trennte ich mich ungern von diesem ersten größern Versuche kindlicher Malerfreude, zumal dann eine Wiederholung desselben Bildes mir weit weniger gefiel. Mein Loos, das mich zum Künstler bestimmt hatte, war gefallen, die Lust am Zeichnen und Malen nahm nun die ganze junge Seele gefangen. Es ging Tag für Tag an das Zeichnen von Husaren, Dragonern, Kürassieren, Grenadieren,

Musketieren, Bombardieren u. s. w. und ich vergaß darüber oft Schule und Lernen. Berg-Festungen, welche beschossen wurden und Husaren-Scharmützel wurden meine Lieblingszeichnerei, dann aber auch Ruinen und Landschaften. Da kam ein Guckkastenmann in unser Haus und mit offenem Mund staunend sah ich alle Regenten Europa's an meinen Augen vorüberziehen. Kaum hatte jener Mann das Haus verlassen, so suchte ich Kohlen und Röthel zusammen und zeichnete, sobald die Stube leer war, Kaiser Karl VI. und seine Gemahlin in spanischer Hoftracht und in **Lebensgröße** auf die weiße Stubenwand, hoher Künstlerfreude voll. Aber jetzt trat meine Großmutter ein und schlug die Hände nicht nur über den Kopf zusammen, sondern mit denselben Händen mich ins Gesicht und mein ihr auf dem Fuße folgender Stief-Großvater verdoppelte dieses mein zweites Künstlerhonorarium."

„Aber der Drang war einmal in der Knabenseele; häufig fehlte es mir an Papier und ich sah mit Wehmuth so manche große glatte, weiße Wand, die ich nicht zieren durfte; endlich kam mir der Gedanke, die Besitzer der Bauernhäuser durch meine Cartonzeichnungen ins Große zu beglücken und Tennenlohe trat als wahrhafter Zeuge des Sprüchworts auf: **Wenn Schmieren Malen wäre, so hätten alle Bauern gemalte Häuser.**"

„Noch hatte ich ebensowenig den mindesten Zeichnen-Unterricht empfangen, als je ein eigentliches nur leidlich gutes Bild gesehen, als mich einmal mein älterer Bruder **Johann Michael**, der Bäckerlehrling bei seinem Pathen, dem Rathsherrn **Fürthwagner** zu Erlangen, war, zu Meister **Pühlmann**, einem Schönfärber, mitnahm. Das Wort **Schönfärber** hatte für mich ungemein viel Anziehendes; ich dachte mir unter einem solchen Mann einen Besitzer und Verfertiger schöner Farben, und nach solchen sehnte ich mich sehr. Und siehe, das Glück wollte mir wohl. Meister Pühlmann galt in der That seiner Umgebung für einen berufenen Maler. Als glücklicher Dilettant hatte er bereits über hundert größere und kleinere Stücke in Oel gemalt. Er besaß neben einigen technischen Regeln ein angenehmes Talent, aber eine harte und allzubunte Farbengebung. Ich aber war außer mir vor Entzücken, als ich diese gemüthlichen Meisterstücke der Schönfärberei mittelst des Pinsels sah und in mir rief es: Ein solcher Künstler, wie Herr Pühlmann, mußt Du werden. Ach wärst Du doch sein Sohn oder sein Verwandter! — Das konnte nun leider nicht sein, doch wurde ich im zehnten Lebensjahre der Schulkamerad von Pühlmanns ältestem Sohne Tobias. Mein Vater hatte sich nämlich zum zweiten Male verheirathet, sah ein, daß ich in Tennenlohe wenig lernen könne und so kehrte ich in das älterliche Haus zurück. Nun durfte ich bisweilen meinen Jugendfreund nach Hause begleiten, durfte seinen Vater malen sehen und schätzte dieß schon für mich als ein großes Glück."

„Leider wurde ich nur dieses Glückes immer seltener theilhaft. Meine Frau Stiefmutter ließ mich vollauf die Führung ihres häuslichen Scepters empfinden und beschränkte meine Zeit so, daß mir kaum eine freie Stunde blieb. Ich wurde, wie so mancher arme Junge vor und nach mir, der Hausrüpel. Der Schänkwirthschaftsbetrieb ging sehr flott; sobald ich aus der Schule nach Hause kam, mußte ich Bier aus dem Keller holen, durstige Gäste bedienen, Gläser und Krüge reinigen und dergleichen mehr. Kaum konnte ich mich bisweilen auf ein halbes Stündchen zu meinem Oheim, dem Bruder meiner seligen Mutter, Magister Memminger, der in unserm Hause wohnte, schleichen, um ein wenig zu zeichnen oder zu malen, was aber meist nur Zank und Ohrfeigen eintrug."

„Einmal geschah es, daß Onkel Memminger mich veranlaßte, ihm ein Brod zu holen. Der Weg leitete mich am Hause Pühlmanns vorbei, Tobias winkte mir und zeigte mir in Atelier seines Vaters eine gut gemalte Grablegung Christi, 5 Fuß hoch und 4 Fuß breit, welche der Vater trefflich copirte. Ich stand wie an den Boden gebannt und sah lautlos zwei Stunden lang zu. An des Onkels Hunger hatte ich nicht gedacht und zum Lohne meiner Kunstbegeisterung entlud sich auch der magisterliche Zorn auf mein armes Haupt."

„Mein junger Freund Tobias war beneidenswerth glücklich. Er durfte zeichnen und malen, sein Vater selbst unterwies ihn; bisweilen gab er mir etwas von sich zum Copiren, und so erlangte ich doch die Anfangsgründe des Styls."

„Es erfolgte meine Confirmation; der würdige Geistliche, Herr Doctor Buttstedt, gab mir in öffentlicher sonntäglicher Kinderlehre vor der ganzen Altstädter Gemeinde das Zeugniß, daß ich unter den fast achtzig Confirmanden der sei, welcher seine Vernunft am besten zu gebrauchen wisse."

„Die große Frage, was ich nach erfolgter Confirmation ergreifen solle? trat nun ganz nahe an mich heran. Ich stand noch im 13. Jahre. In mir lebte kein anderer Gedanke, als ein Maler zu werden, aber davon durfte ich kaum reden. In den Begriffen meiner Stiefmutter gab es keinen Raum, den auch nur eine Ahnung von dem, was Kunst heißt, erfüllt hätte. Und als ich doch mit meiner Neigung hervortrat, wurden Vater, Oheim, Tanten alle von ihr beschwatzt und bestürmt, mir durch den Sinn zu fahren. Und obschon einige wenige gute Seelen für mich Partei nahmen, so unterlag eben meine kleine Partei, und die Parole hieß: Du wirst ein Bäcker. Mir war zu Muthe, als sei mir schon mein letztes Brod gebacken. Ich kam auf Probe zu einem sehr ehrsamen Bäckermeister, dem ich viele Semmeln wegaß und vieles Brod verbrannte, in dessen Folge ich nach 14 Tagen die Freude hatte, ohne Gehalt, außer einer Tracht Prügel, entlassen zu werden."

„Geheul und Geschrei über den bösen Buben — neuer Familienrath!" —

„Gut, der Junge soll, da er etwas Künstlerisches erlernen

will, seinen Willen haben. Er soll Strumpf- und Handschuh-
wirker werden! Strümpfe sind nützlicher als Bilder."

„Alles Sträuben gegen diese Theorie fruchtete mir nichts.
Der Strumpf meines Schicksals schien unzerreißbar gewebt. Ich
sollte fünf Jahre lernen, doch vorerst sechs Wochen auf Probe
bei einem ehrsamen Meister des sicherlich sehr achtbaren Strumpf-
und Handschuhwirker-Gewerkes. Bis zum Tode betrübt trat ich
an und sah dabei ein, daß ich, da die Strumpfwirkerei ein sehr
mechanisches Geschäft ist, dasselbe in einem halben Jahre inne haben würde — wozu denn nun fünf Jahre lernen? Ich zog
daher vor, nach oder noch vor Ablauf der sechs Wochen dem geist-
losen Handwerk Valet zu sagen. Strumpfwirker gewesen!"

„Zu Hause natürlich neue Stürme, üble Auftritte und Behandlung."

„Was anfangen mit einem Jungen, der nur Lust hat zu
brotlosen Künsten, und nicht einmal ein Bäcker oder Handschuh-
wirker werden will?"

„Der Zufall fügte es, daß für das Gasthaus zum Rothen
Hahn in Nürnberg, nahe bei St. Lorenzen, ein Kellnerlehrling
gesucht wurde und daß man dieses in meinem älterlichen Hause
erfuhr. Alsbald verfiel man darauf, mich für eine so geschmack-
volle Laufbahn zu bestimmen, und ich sträubte mich nicht lange,
denn ich dachte: Nürnberg ist eine große und schöne Stadt, wo
auch tüchtige Maler leben. Gott wird Dich schon noch dahin
führen, wohin Du gelangen sollst."

„Der Eigenthümer des Rothen Hahn war ein freundlicher
junger Mann, der mir so viele Zeit vergönnte, bisweilen etwas zu
zeichnen und zu malen, zumal ich mich durch ein leidliches Conterfei
seiner eigenen werthen Person, das den allerbescheidensten An-
sprüchen entsprach, gleich in Gunst gesetzt hatte. Die Wirthin
hatte drei junge Brüder bei sich im Hause, welche alle in der
Wirthschaft halfen, dadurch ward mir mehr Freiheit zu Theil, als

sonst der Fall gewesen wäre. Und es dauerte leider gar nicht lange, so war auch dieser Sonnenblick vorüber. Die drei jungen Leute faßten den Entschluß, sich sämmtlich dem Ingenieurfach zu widmen, und gingen zu diesem Behuf zu gleicher Zeit nach Wien ab, um dort ihre Studien zu machen. Jetzt war ich allein, während sich die Einkehr und Kundschaft äußerst mehrte. Ein Billard wurde angeschafft, das ich auch bisweilen bedienen mußte und von meinem Zeichnen war keine Rede mehr. Dieß war mir um so schmerzlicher, als ich in einem unserer Gäste die Bekanntschaft eines liebenswürdigen Künstlers, Namens Beyer, gemacht hatte, den ich in der ersten beßern Zeit bisweilen besuchte. Er war ein recht geschickter Decorationsmaler, ebenso in Oel und Fresco, führte einen markigen Pinsel, war guter harmonischer Colorist und nahm an mir vielen Antheil, nachdem er mehreres von meinen Anfängen gesehen hatte. Oft bedauerte er mich, daß mein Talent keine Ausbildung finden und ich mich nicht ausschließlich der Malerkunst widmen könne."

"Das war nun eben mein Unglück. Auf meiner Tagesordnung standen nicht Pinsel und Farben, sondern Messer und Gabeln, nicht Malerleinwand, sondern blos leinene Tisch- und Tellertücher. Die Morgenstunde hatte für mich kein Gold im Munde, sondern eitel Wasser. Ich mußte frühmorgens Flaschen und Gläser reinigen, Messer und Gabeln und Löffel putzen, dann die Mittagsbraten spicken, dann das Contobuch führen und aufzeichnen, was an der Tafel und auf den Zimmern verzehrt worden war. Hierauf galt es, Brod in Körben beim Bäcker zu holen, Tische und Tafeln zu decken, Getränke beischaffen, beim Auftragen des Essens helfen, und so alle Hände voll zu thun, daß ich oft selbst nicht an mein eigenes Essen kam. Nach der Tafel Abraum des Silbers von der Tafel und dessen sicherer Verschluß nach vorhergegangener Reinigung. Nach 2 und 3 Uhr stellten sich die Billardgäste ein; später wurde frisch gedeckt und es gedieh dahin, daß ich außer Geschäftsgängen kaum sechsmal im Laufe eines Jahres an die freie Luft kam. Das Geschäft blühte sehr, ich aber welkte und sehnte mich weit von dannen. So waren ein und ein halbes Jahr vergangen, so sollte ich drei Jahre **fortlernen** und abwarten, ob nicht mein Principal mir das vierte Lehrjahr schenken würde. Wieder nach Hause zu gehen aus der dritten Lehre hatte ich verschworen, und es würde mir auch übel genug bekommen sein. Kunst und Freiheit! Freiheit und Kunst! rief immer lauter in mir eine mächtige Stimme. Ich beschloß, ihrem Rufe zu folgen."

„Aber wohin? — ich schlug die Landkarte auf. Die nächsten größern Städte, und nur in einer solchen konnte ich mein Heil versuchen, waren **Bamberg** und **Würzburg**, die altberühmten Bischofssitze mit ihren Kirchen, Kapellen und Residenzen, mit kunstsinnigen Regenten und Prälaten, wie mit tüchtigen Malern. Ich gab **Würzburg** den Vorzug."

„Aber wovon leben? war meine zweite Frage. Wie unterkommen? — Fort — und müßte ich Farbenreiber werden, nur aus diesem unruhevollen, alles Geistige niederdrückenden, aufreibenden Wirthshausleben heraus! — Ich verkaufte in aller Stille meine wenigen Habseligkeiten und behielt nur soviel, als ich nothwendigst brauchte. Das gab ein kleines Reisegeld. Bald auch wurde nach schlechtem schönes Frühlingswetter und so sah mich nach einer fast schlaflosen, in fieberhafter Spannung verbrachten Nacht die dämmernde Morgenfrühe des 3. April 1767 aus dem Hause des Rothen Hahnes treten, das der Hausknecht mir willig erschloß, weil ich ihm sagte, i‍ wolle, um frische Luft zu schöpfen, nur einmal einen Spaziergang außerhalb der Stadt versuchen. Ich ging hinter der Mauer herum, zum nächsten Thore hinaus und mußte einen großen Umweg machen, um auf die Würzburger Straße zu gelangen. Ich war auf der Stadtseite Nürnbergs, von der die Straße nach Augsburg führt, und schlug einen bedeutenden Winkel, um auf den Weg nach Fürth zu kommen; dann umging ich Fürth und später Neustadt und kam über Langenfeld und Markt Bibart nach Helmitzheim und Markt Bernheim. Um mein geringes Reisegeld möglichst zu schonen, verschmähte ich nicht, unterwegs hie und da was weniges zu fechten. Ich achtete mich nicht höher als einen Wanderburschen, von denen keiner auf andere Weise reiste. Wurde doch auch die Malerkunst zu jener Zeit noch mehr als Handwerk, denn als Kunstwerk betrachtet, und der Sprachgebrauch zählte noch Malerlehrjungen, Malergesellen und Malermeister auf, wie ja ein bekanntes Lied beginnt:

Meister Maler, wollt Ihr wohl
Mich abconterfeien? —"

„Endlich erreichte ich Kitzingen, sah von dessen schöner Brücke den Mainstrom prachtvoll unter mir dahin fluthen, sah zum ersten Mal Schiffe mit Masten, und sah mich so recht nach Herzenslust und unbefangen um, ohne zu ahnen, daß ich schon eine geraume Zeit von der Thorwache mit scharfen Blicken beobachtet wurde. Als ich durch das Thor in die Stadt schreiten wollte, rief mich ein Schnurrbart an: Heda! Landsmann! Woher des Weges?"

„Von Neustadt — erwiederte ich — da ich Nürnberg nicht nennen mochte. — Wo hat Er Seine Kundschaft? fragte der Soldat weiter. — Ich habe keine und brauche keine, antwortete ich keck. Ich bin eines Malers Sohn und Farbenreiber."

„Marsch mit Ihm zum Herrn Officier! hieß es darauf."

„Der Officier deutete mir an, daß ich nothwendig einen Paß, Vorweis oder dergleichen haben müsse."

„Da ich nun aber einmal doch keinen Paß hatte und mich auf meine Ehrlichkeit stützte, so gewann der Officier ein Einsehen, daß durch mich Kitzingen nicht in sonderlichen Schaden kommen werde und entbot einen Grenadier, mich durch die Stadt bis vor das Würzburger Thor zu geleiten. Nun nahm ich mir vor, vorsichtiger zu werden, und ging bis Randersacker, allwo der gute

Wein wächst und ich mir für ein geringes Geld in einem Schöpplein frischen Muth trank. Ich wartete ein Fuhrwerk ab und legte mein Reisebündelchen auf den Wagen. Auf diesem, dessen Lenker auch erst seinen Durst löschte, saß ein Frauenzimmer, welches Würzburg kannte, und da ein Wort das andere gab, so erkundigte ich mich zunächst nach den besten Kaffeehäusern und Billards, denn ich dachte, mich vorläufig in einem solchen zu verbingen, wenn ich nicht gleich zu einem Maler kommen könne."

„Hierauf ließ ich mir so viele Maler nennen, als jenem Frauenzimmer bekannt waren und schrieb mir deren Namen auf. Mit geläufiger Zunge hob meine gütige Rathgeberin vor allen Künstlern Würzburgs als den geschicktesten Portraitmaler einen Herrn Schleyer hervor."

„Heftiger schlug mir das Herz, als wir nun Würzburg uns näherten, und ich vertraute meiner Reisegefährtin meine Furcht, abermals wegen einem Paß eraminirt zu werden. Diese aber, vorsichtig und klug wie Abigail, sagte: O von dieser Furcht will ich Ihm bald helfen. Hier habe ich einen Mantel von meinem Bruder, der in Würzburg studirt, diesen nehme Er über den Arm, so passirt Er als Student ein, indem Er mich begleitet. Sein Bündlein decken wir fein zu."

„Alles ging nach Wunsch und ohne Anstoß, ich bezwang kaum mein Staunen über Würzburgs Pracht und Größe, und in der Domgasse trennte ich mich mit vielem Danke von meiner hülfreichen Begleiterin und folgte dem Fuhrmann in den Hirsch. Dort wurde etwas gegessen und ein Glas sechsundsechsziger Most getrunken, der nicht mehr kostete, als einen Schilling, mir aber fast einen Haarbeutel zuzog. Ich schlief mit Dank gegen Gott ein, daß er mich so treulich bisher behütet, und schlief süß und fest, doch litt es mich nicht lange im Bette und im Hause. Ich wanderte schon frühzeitig über den Markt und durch die Hauptstraße, hielt mich aber weislich von der Brücke fern, denn auf dieser sah ich

Soldaten, und wich auch jeder Soldatenbegegnung sorgfältig aus.
Als es schickliche Zeit zu einem Besuche war, ging ich zuerst zu
Herrn Schleyer, der auf der neuen Baugasse eine hübsche Wohnung inne hatte. Ich klopfte einigemale mit furchtsamer Bescheidenheit an seine Thüre, bis er diese öffnete, und trug ihm gleich
meine Wünsche vor, ihm als Farbenreiber und Gehülfe zu dienen,
blos gegen Kost und Wohnung und auf die Zeit einiger Jahre.
Herr Schleyer sann nach und sagte gütig zu mir: Mein junger
Freund! Nur zu oft schon habe ich die Probe mit Leuten Seines
Gleichen gemacht, die, nachdem ich mir die größte Mühe mit ihnen
gegeben, und sie halbwegs etwas gelernt hatten, undankbar und
stolz gegen mich wurden, mir aus dem Dienste liefen und mir dann
ins Handwerk pfuschten. Daher möchte ich keinen Lehrling wieder annehmen. Auch weiß ich nicht, wie lange ich selbst noch hier
in Würzburg bleibe."

„Ziemlich entmuthigt durch diese Antwort, wagte ich dennoch,
dem Künstler meine Zeichnungen und einige Copien zu zeigen."

„Nun ja," sprach der Meister: „ich sehe wohl, daß Er nicht
ohne Liebe und Anlagen zur Kunst ist, allein Er mag auch Seinen
Eigensinn haben! Was geht er von Nürnberg weg und hierher?
Dort ist eine Maler-Akademie und hier ist keine. Dort sind bessere
Lehrkräfte und Mittel, etwas Tüchtiges zu lernen."

„Ich legte die Gründe, die mir den ferneren Aufenthalt in
Nürnberg für jetzt unmöglich gemacht hatten, offen dar, und nun
war Herr Schleyer so gütig, mir seine in Arbeit habenden Portraits
zu zeigen. Es waren ihrer acht, dann noch einige historische
Stücke und gute Landschaft-Copien. Das schönste der Bildnisse
zeigte einen Liebhaber der Musik, Namens Wucherer. Der Dargestellte lag, eine Violine in der Hand, in äußerst natürlicher Haltung, auf einer steinernen Fensterbrüstung, von oben hell beleuchtet,
ein schöner, ernsthafter Mann von lebensfrischer Farbe, mit geschmackvoller Frisur, offenem Hals, mit einem marterpelzver-

brämten stahlgrünen Sammtrock bekleidet. Lange weidete ich meine Augen an diesem so wohlgelungenen Bilde, und Herr Schleyer sagte mir dann, ich solle des morgenden Tages wieder kommen. Er hoffe, mich einstweilen als Farbenreiber bei einem Decorations= maler unterzubringen." —

„Dieses geschah. Mein Principal wurde Herr Franz Andreas Thalheimer von Augsburg*), der mich auf sechs Wochen in Kost und Wohnung nahm und mir jede Woche sechs Batzen**) Lohn verhieß."

„Wer war jetzt froher als ich? Von Herzen dankte ich inner= lich Herrn Schleyer für seine große Güte."

„Thalheimer war vielfach beschäftigt. Er war der Sohn des Malers Arbogast Thalheimer, der das Kloster Ottobeuern mit schönen Andachtbildern geschmückt, aber auch Theaterdecoratio= nen gemalt hatte. Mein Principal malte jetzt Decorationen für die Schaubühne der Jesuitenschüler, wobei ich nach meinen besten Kräften thätig war. An Sonn= und Feiertagen besuchte ich Kirchen und Paläste, und erfreute mich der schönen Gemälde in denselben. Mächtigen Eindruck machte auch auf mich die große Charfreitags= procession (17. April 1767) mit ihrem zum Theil decorativ ge= malten Bilderschmuck und Schaugepränge. Nicht minder beweg= ten mich inmitten der großartigen, oft brillant gehaltenen, und doch feierlich ernsten Kirchenbilder die herrlichen Musikstücke und der Weihrauchopferduft beim Gottesdienste."

„Am liebsten verweilte ich vor den Altargemälden des fürst= bischöflichen Hofmalers Oswald Onghers. Seine Er= findungen sind deutlich und sinnreich, in schöner Gruppirung, correcter Zeichnung, und besonders trefflich sind von ihm Köpfe

---

*) Dr. Nagler nennt Ottobeuern.
**) 30 Kreuzer rhl.

und Hände behandelt. Die Charaktere sind geistvoll ausgeprägt, seine Farbengebung ist schön und natürlich, sein Pinsel weich und markig, auch Licht und Schatten gut vertheilt, doch letztere nicht so schlagend stark, wie in den Gemälden des Venetianers Giovanni Piazetta."

„Freilich verstand ich damals noch nicht Alles, was ich über den Künstler Oswald Onghers hier niederschreibe, aber ich lernte es allmälig verstehen. Indem Onghers Gemälde meinem unverbildeten natürlichen und angeborenen Geschmack entsprachen, lernte ich diesen Meister als einen der besten Maler der Rubens'schen Schule schätzen."

„Ganz andere Wirkung riefen die Schöpfungen von Giovanni Battista Tiepolo in mir hervor. Dieser hochbegabte und kühne Meister aus der Venetianischen Schule hatte die Haupttreppe und den Kaisersaal in der Bischofsresidenz zu Würzburg mit Gemälden geschmückt, auch in der Hofkapelle zwei Altarblätter gemalt, Alles in einem großartigen und heldenmäßigen Style, der auf mich den mächtigsten Eindruck machte*). Der Künstler war 1750 nach Würzburg berufen worden und verließ nach Vollendung seiner Gemälde diese Stadt 1753. Er empfing für seine Fresken 15,000 und für die Oelgemälde 3000 rheinische Gulden und 2000 Gulden Reisegeld. Ich konnte mich nie satt sehen an Tiepolo's Bildern."

„Bei den Dominicanern und in der Karthause malte Georg Anton Urlaub Frescobilder und Altarblätter; ich lernte ihn persönlich kennen und verehren. Seine Verhältnisse waren leider nicht glänzend, und sein Wesen war etwas unstät. Ich wurde später in Schweinfurt wieder lebhaft an ihn erinnert, da sein

---

*) Im betreffenden Artikel: Tiepolo, G. B., beschreibt Dr. Naglers Künstler-Lexikon ausführlich die von diesem Künstler zu Würzburg ausgeführten Gemälde.

Neffe, Carl Urlaub, mit dem ich mich in Würzburg befreundete, mich dort aufsuchte. Ohne daß ich eine Ahnung davon hatte, war es nahe daran, daß ich aus meinem Würzburger Künstlerhimmel fallen sollte. Herrn Thalheimers Arbeiten gingen zu Ende, er mußte mich verabschieden, und es gelang mir nicht, eine andere Stelle als Malerjunge oder Geselle zu erlangen. Da war guter Rath theuer. Doch der Himmel half auch diesesmal aus der Verlegenheit. Ein wackerer Mann aus der Reichsstadt Schweinfurt, Kaufmann und Kunstdreher Conrad Hahn, bemühte sich für mich um eine Stelle und empfahl mich endlich in das Zieglersche Kaffeehaus als Marqueur und Kaffee-Schänke. Ich schloß auf ein Jahr mit Herrn Ziegler ab und bedingte mir Kost, Wohnung, 25 Gulden rhl. Gehalt, ohne die Spiel- und Trinkgelder und sonstige Nebenabfälle, und täglich eine freie Stunde aus, um mich im Zeichnen fortüben zu können, denn unverrückt behielt ich das Strebeziel meines Lebens im Auge. Dadurch setzte sich auch mein Bekanntwerden mit angesehenen Künstlern fort. Marqueur, Kaffeeschänk und angehender Kunstmaler in einer Person!"

„Zu meinen angenehmsten Bekanntschaften mit Künstlern Würzburgs gehörte die des fürstbischöflichen Hofbildhauers Johann Peter Alexander Wagner, welcher äußerst thätig war und Kirchen wie Paläste nebst Gärten mit zahlreichen Statuen und plastischen Gruppen schmückte, so die meisterhaft ausgeführten 14 Passionsgruppen auf dem St. Nicolausberge. Er hat allein über 100 Altäre gefertigt. Durch ihn lernte ich das Wesen der plastischen Kunst kennen, wie sie zu jener Zeit in hoher Blüthe stand; freilich herrschte in dieser Zeit nicht mehr der antik-klassische Geschmack, und nicht jede Zeit findet das für schön, was einer andern die höchste Bewunderung und Anerkennung abgewinnt. Ich lernte ein wenig modelliren und formen, was mir später gut zu Statten kam. Nicht minder bewies mir gütigen Antheil der damals außerordentlich geschätzte Hofmaler Johann Nicolaus Treu aus Bamberg, jetzt aber in großer Gunst des Fürstbischofs Adam Friedrich von Sainsheim stehend. Der Liebste jedoch von Allen wurde mir der Historien- und Portraitmaler Christoph Fesel, der die Titel eines Cabinetsmalers und Professors führte. Dieser menschenfreundliche Mann nahm sich meiner ganz besonders an und wurde mir ein gütiger und unvergeßlicher Lehrer. Durch ihn gelang es mir abermals, mich von der Kaffeehauswirthschaft loszureißen. Mit einem Freund, Barthel Fölk, der gleichem Ziele wie ich zustrebte, miethete ich mich in eine kleine Wohnung ein; wir malten gemeinschaftlich was uns vorkam: Heiligenbilder, Zimmer, Jagdstücke nach Ridinger, zum Theil mit Oelfarbe auf Tapeten, und besuchten täglich Fesels Atelier. Damals malte Fesel, der noch nicht lange zuvor aus Rom, wo er unter Mengs und Battoni sich zum Künstler ausgebildet hatte, zurückgekehrt und von Bamberg nach Würzburg übergesiedelt war — er hatte auch für die Kirche der berühmten Abtei Ebrach treffliche Altar- und Staffeleibilder gemalt — geschichtliche und Architekturstücke, sowohl in Oel als Fresco, und das Lebhafte seiner Farbengebung sagte dem allgemeinen Geschmacke seiner Zeit zu, wenn auch die Zeichnung in den Fesseln, welche diese Zeit den zeichnenden Künsten anlegte, höheren Aufschwunges entbehrte."

„Es kam der Winter des Jahres 1769. In der Heimath glaubte ich mich vergessen; ich hatte keine Gründe gefunden, neue Verbindung mit ihr anzuknüpfen und zu unterhalten, doch auch keineswegs meine selbstständig eingeschlagene Laufbahn und meine Lage verhehlt. Dort hatte man endlich eingesehen, daß man mich gewähren lassen müsse und daß man mich doch nicht gänzlich zum Wildling werden lassen dürfe, der zu werden durch verkehrte Ansichten bereits der Zuschnitt gemacht war; nur mein Genius und mein Eifer für die Kunst hatte mich bis jetzt, bis in mein achtzehntes Lebensjahr, vor Ausschreitungen schlimmer Art bewahrt.

Ein Brief von meinem Oheim Memminger that mir kund, daß der sehr geschickte Kunstmaler, Professor Johann Carl Georg Reuß aus Bayreuth, welcher vorzüglich schöne und wohlgetroffene Brustbilder male, sich in Erlangen als Zeichnenmeister niedergelassen habe, weil seine Verhältnisse am Bayreuther Markgrafenhofe, wo er mit dem Titel eines Hofmalers von 1756 bis 1763 als Professor an der Maler-Akademie gewirkt und dann privatisirt hatte, eine Trübung erlitten. Er sei ausgezeichneter Portraitmaler, und meine Familie sei gesonnen, um endlich meine Lebenslaufbahn zu regeln, mich zu ihm förmlich in die Lehre zu geben."

„So leid mir der Abschied von Würzburg that und von meinen dortigen Gönnern, so wollte ich doch nicht guten Absichten für mein ferneres Lebensgeschick widerstreben. Ich nahm Abschied von Allen, die ich liebte und verehrte, reiste im schlechtesten Winterwetter nach Erlangen und trat Ostern meine förmliche Lehrzeit an. Die Bedingung für dieselbe lautete: 3 Jahre lernen und 100 Gulden rhl. Lehrgeld."

„Bald genug fand ich Gründe zu stiller Reue, ein Opfer des Gehorsams gebracht und meinen guten Lehrer Fesel verlassen zu haben. Dieser hatte mir und allen seinen Schülern mit reiner offener Wahrheit alle technischen Vortheile der Malerkunst enthüllt, und zwar ganz unentgeltlich. Professor Reuß aber hielt seine Kunstgriffe in der Malerei heimlich und zeichnete und malte noch dazu lange nicht so gut wie Fesel. Er legte mir zwar stets gute Stücke zum Copiren vor, sagte mir aber nichts über Erleichterung der Ausführung und ließ es gethan sein, wenn ich es gemacht, so gut ich's konnte und wußte."

„Insgemein ließ er mich seine Portraits untermalen, dann mußte ich auch das Ausmalen lernen. Dabei sah ich, wie er selbst Portraits, Köpfe und Hände untermalte, übermalte und retouchirte, und so lernte ich denn das Handwerksmäßige, um nicht zu sagen den Schlendrian der gewöhnlichen Portraitmalerei."

„Rasch genug entflogen die drei Jahre meiner Lehrzeit, und als sie 1772 zurückgelegt waren, getraute ich mir, mich selbst durch meine Kunst zu nähren, indem ich mir ernstlich vornahm, sie zwar als Gewerbe eifrig zu nutzen, mich selbst aber durch stetes fortgesetztes Studium in ihr und durch sie auf eine höhere Stufe zu schwingen."

„In dem bayreuthischen Markt Lonnerstadt wohnte mir noch ein Oheim, Namens Johann Michael Fürthwagner, der zugleich mein Vormund war; dorthin lenkte sich mein erster Ausflug als angehender junger Künstler, und ich begann frisch darauf los zu portraitiren. Nie hatte sich ein Maler in den kleinen Flecken verirrt, bald bekam ich Ruf im Orte und in der Umgegend, und die Freiherren von Seckendorf beriefen mich auf ihre Rittersitze Weingartsgereuth und Ober- und Unter-Zenn, wo ich Brustbilder und andere Gemälde auszuführen bekam, auch Urnen und Statuen aus Thon fertigen mußte zur Verzierung von Zimmern, Treppenhäusern und Gärten."

„Daß ich auch dieses leisten konnte, dankte ich meinen Besuchen beim Hofbildhauer Wagner zu Würzburg. Als meine Arbeiten für jene berühmte fränkische Adels-Familie vollendet waren, wandte ich mich nach Anspach, wo ich ebenfalls einige Aufträge ausführte und die Gelegenheit nicht unbenützt ließ, in den Zimmern des markgräflichen Schlosses die ausdruck- und lebensvollen Brustbilder des berühmten Johann Kupetzky zu sehen und zu studiren. Seine Bildnisse erinnerten häufig an die des van Dyk, obschon er diesen nicht erreichte. Er wandte auf den Gesichtsausdruck, wie auf die Hände, vielen sorgsamen Fleiß und verstand die Natur gut nachzuahmen."

„Schon gewann ich einigen Ruf, zumal ich mir etwas von Kupetzky angeeignet hatte, nämlich rasch zu malen, die Personen nicht durch allzulange und langweilige Sitzungen zu ermüden und das Verlangen, das werthe Bildniß bald zu besitzen, schnell zu befriedigen."

„Man verlangte mich nach dem Städtchen Lauf bei Nürnberg, nach dem das innere und äußere Laufer-Thor daselbst den Namen tragen. Dort wollten der Herr Landpfleger mit gesammter Familie gemalt sein und da meine Bildnisse gefielen, so durfte ich auch die Geistlichen und die Rathsverwandten nach einander bildlich verewigen."

„Mein liebes Nürnberg wiederzusehen war der Zug meines Herzens. Im Jahre 1774 begab ich mich dorthin, schlug in der goldenen Reichskrone meinen Wohnsitz auf, fuhr fort zu portraitiren, besuchte aber nebenbei fleißig die Maler-Akademie und begann mich in Miniaturmalerei auf Pergament zu üben: Gesellschaftsgemälde, Wasserpartien, Landschaften und dergleichen, welche sehr gesucht wurden. An der Landschaftmalerei namentlich hatte ich große Freude; ich suchte den Landschaftmaler Carl Sebastian von Bemmel auf und bot mich ihm zum Schüler seines von ihm mit Glück und Beifall geübten Kunstzweiges an, allein er forderte ein meine Kräfte übersteigendes Honorar für Unterrichtsstunden in der Landschaftmalerei. Die Zeit flog mir nur so im steten glücklichen künstlerischen Schaffen vorüber. Im Jahre 1776 folgte ich einer Einladung Sr. Erlaucht des regierenden Herrn Reichsgrafen von Castell auf dessen Sitz Rüdenhausen, und mußte für dessen hohe Familie eine Menge Portraits ausführen. Das reichsgräfliche Schloß wurde nicht leer von vornehmen Gästen. Als der bedeutendste derselben erschien mir Se. Durchlaucht Fürst Carl Friedrich von Hohenlohe; derselbe wurde mir ein äußerst gnädiger Gönner. Er malte selbst in Pastell und Wasserfarben und zeigte in Anordnung der Stellungen von Portraits äußerst guten Geschmack, so daß ich noch von ihm lernte. Der Fürst schenkte mir eine ganze Schachtel voll der feinsten Pastellfarben."

„Ich verbrachte in Rübenhausen schöne, glückliche Tage; endlich war errungen, was ich so heiß ersehnt: Kunst und Freiheit. Mein Aufenthalt dort dehnte sich auf ein ganzes Jahr aus. Mehrere Male besuchte ich die nahe gelegene Benedictiner-Abtei Schwarzach am Main, um die ausgezeichneten Gemälde zu studiren, mit denen der hochberühmte Johann Evangelist Holzer dieselbe ausschmückte. Ich bezweifle, daß jemals ein Maler in der Behandlung des Fresco den großen Holzer übertroffen habe. Er ist in der Luftperspective unnachahmlich und entwickelte in der Anlage zahlreichster Figurengruppen eine bewunderungswerthe Leichtigkeit. Diese herrlichen Gemälde, namentlich das Kuppelbild in der Klosterkirche: St. Benedict in der Glorie und andere waren weit und breit berühmt*)."

„Mein nur der Kunst geweihtes Leben war bisher von Amors Pfeilen fast ganz unberührt geblieben, doch auch mir schlug endlich meine Stunde und weckte alle süße Unruhe und Qual der ersten Jugendliebe in meiner Brust. Ich sah ein Mädchen in Rübenhausen, das im Kreise von Verwandten dort bei Gelegenheit einer Luftpartie einen flüchtigen Besuch machte, und es machte ihre Schönheit und ihr sittsames, verschämtes Benehmen auf mich den tiefsten Eindruck. Ich erfuhr, es sei eine Demoiselle Schöner aus Schweinfurt, und der lebhafte Wunsch, dieses Mädchen wiederzusehen, machte mir nun Schweinfurt zum Ziele meiner Sehnsucht. Unabhängig wie ich war, guter Bekanntschaft und guten Rufes mich erfreuend, hielt nichts mich ab, mich in den Schoos der alten Reichsstadt zu setzen und mein Maler-Atelier in ihr aufzuschlagen. Bald fand sich erfreuliche Kundschaft. Zuerst bekam ich die Bildnisse eines Herrn Dr. Lebkuchner und mehrerer von dessen Verwandten zu malen. Ein Freund und

---

*) Dr. Nagler, der Bd. 6 des K.=L. S. 273—277 über J. E. Holzer handelt, nennt sie die Krone von des Künstlers Leistungen.

Kenner meiner Kunst, Herr Tischler Voit, der sogenannte Herren-Schreiner, lud mich ein, bei ihm Wohnung zu nehmen, und wir malten vergnügt zusammen. Ein beliebter Vergnügungsort der höheren Schweinfurter Gesellschaft, die alle Vorzüge reichsstädtischen gediegenen Bürgerthums aufwies, war der Schöner'sche Garten. Dorthin nahm Freund Voit mich mit, und dort sah ich das Ideal meiner Träume wieder und machte dessen nähere Bekanntschaft. Je mehr ich den Garten besuchte, um so mehr fühlte ich mich zu Johanna Barbara Schöner hingezogen. Auch deren Mutter sprach mich sehr an, und nicht minder wurden deren Söhne, junge Männer meines Alters, mir bald befreundet. Die Gartengesellschaft zog mich lebhaft an, es war auch ein Billard vorhanden, und ich wurde in den spätern Nachmittagsstunden ein täglicher Gast. Es wurde mir auf meine Bitte die Erlaubniß zu Theil, die Tochter des Hauses zu malen, und dadurch lernte ich das holde und reizende Mädchen immer mehr kennen, achten und lieben. Ich konnte ihre Geduld prüfen und fühlte bald heraus, daß ihre Liebenswürdigkeit keine einstudirte Maske sei."

„Ein altes Sprüchwort sagt: Husten und Liebe können nicht verhehlt bleiben. Es wurde meine stille Neigung bald genug in der Familie wahrgenommen, wozu ein stets heiter gestimmter neckeluftiger Schwiegersohn und Schwager, Canzlist Fleischmann, viel beitrug. Indessen gewahrte ich noch keine eigentliche Neigung meiner im Stillen Angebeteten gegen mich, vielleicht hatte Fleischmanns Neckerei ihr Gefühl verletzt, sie verlegen gemacht, vielleicht auch — so dachte ich — erwartet sie ein größeres Glück, als ich ihr zu bieten vermag, auch wäre sie ein solches werth und ich wollte es ihr gönnen. Ich verschloß daher meine Neigung, besuchte aber Schöners Garten nach wie vor täglich und blieb mir in achtungsvoller Ergebenheit gegen die Auserkorene gleich, ohne mit ihr ein Wort von Liebe zu reden. So ging wieder ein ganzes

Jahr hin, während deſſen ich noch eine mir äußerſt liebe und mich
feſſelnde Bekanntſchaft machte, und zwar die des wackern und wür-
digen Kunſtmalers, Bildhauers und Kupferſtechers Johann
Adam Philipp Stöſſel, der ein geborener Schweinfurter
und früher als Profeſſor an der kurfürſtlich-ſächſiſchen Kunſt-
akademie zu Dresden angeſtellt war, welche Stellung er aber mit
einer Profeſſur der Mathematik und Zeichnenkunſt am Gymnaſium
ſeiner lieben Vaterſtadt vertauſchte. Ich habe ihm viel im Bezug
auf Geſchmack und Kunſtübung zu verdanken."

„Im Sommer des Jahres 1779 beſuchte mich ein alter
Freund, der Portraitmaler Carl Urlaub aus Würzburg, Neffe
des bereits oben erwähnten Georg Anton Urlaub. Auch er
war Portraitmaler und malte, als ich ihn zu Würzburg kennen
lernte, ein gelungenes Bruſtbild des Propſtes Schreiber im
Kloſter zu Heidingsfeld nahe bei Würzburg. Carl Urlaub
hatte in ſeiner Kunſt gute Fortſchritte gemacht *)."

„Sein Beſuch und die Erneuung alter Bekanntſchaft war
mir ſehr willkommen, und Urlaub ließ ſich bereden, zu mir zu
ziehen und einige Monate in Schweinfurt bei mir zu verweilen.
Wir malten fleißig mit einander und ich ſah ihm ſeine neue und
gefällige Manier in der Portraitirkunſt ab. Seine Bilder fielen
ſtark ins Helle und Bunte. Er war Schüler ſeines Oheims, wie
des Herrn Schleyer, deren Manier noch von dem Hofmaler
Desmarées zu München, der auch in Würzburg eine Zeit lang
thätig war, herrührte, und deſſen Schüler Schleyer geweſen."

„Dadurch, daß ich mir auch Einiges von dieſer Manier an-
zueignen ſtrebte, weil ſie meinem noch nicht ganz freien Geſchmack
zuſagte, gerieth ich in den Fehler, zu viele grünliche Halbſchatten

---

*) In Dr. Nagler's K.-L. ſind 7 Maler des Namens Urlaub aufge-
führt, dieſer Carl aber iſt unerwähnt geblieben.

anzubringen, welchen abzulegen und diese Schatten zu vermeiden mir später viele Mühe kostete."

„Carl Urlaub erhielt einen Ruf an den gräflichen Hof nach Wertheim am Main, und auch ich entschloß mich zu einer neuen Kunstreise, deren Antritt im September des Jahres 1779 erfolgte. Als ich von der mir stets werth gebliebenen Familie Schöner Abschied nahm, machte ich freudig die Wahrnehmung, daß derselbe meiner heimlich Angebeteten nicht ganz gleichgiltig sei, und ich faßte aufs Neue Hoffnung, noch des Glückes ihres Besitzes theilhaft zu werden. Aber einmal waren alle Reiseanstalten getroffen, ich zog von bannen und besuchte nach einigem Aufenthalt in Bamberg meine Heimath und meine noch zu Erlangen lebenden Verwandten wieder."

„Dort machte ich die Bekanntschaft des Sachsen-Meiningenschen Cabinetsmalers Bach, eines der besten Pastell-Portraitisten. Nach ihm verbesserte ich meine Manier, strebte noch natürlicher als bisher, aber ebenso hell und kräftig zu malen und brachte mehrere gelungene Bilder zu Stande, besonders das des nunmehrigen Bürgermeisters Fürthwagner, den ich früher erwähnt, desselben, der mir die werthe Bekanntschaft des Schönfärbermeisters Pühlmann verschafft hatte. Auch dieser wurde besucht und bezeugte darüber eine große Freude, welche nur dadurch getrübt wurde, daß sein hoffnungsvoller Sohn, mein Jugendfreund Tobias, unterdessen gestorben war. Wir würden gewiß Herzensfreunde geblieben sein. Freilich sah ich jetzt die Malereien Pühlmanns mit anderen Augen an, als früher, doch fand ich noch immer, daß er gute Anlagen habe, denen nur die Ausbildung gemangelt. Er hatte sich sogar an das Copiren einiger großen Stücke von Rubens gewagt und ihnen mindestens das fröhliche Colorit dieses Meisters verliehen."

„Von Erlangen wurde ich wieder nach Weingartsgereuth zum Kammerherrn Freiherrn von Seckendorf gerufen, um dort mehrere Portraits zu malen und einige Gartenprospecte wieder herzustellen und frisch zu übermalen, die ich vor acht Jahren geschaffen, denen aber Wind und Wetter, da sie im Freien standen, übel mitgespielt hatten. Nach beendigtem Aufenthalt in Weingartsgereuth malte ich Einiges in den Dörfern Mühlhausen und Steppach, wo ich den herrlichen Prospect von Pommersfelden stets vor Augen hatte. Oft genug begab ich mich nach diesem stattlichen Edelsitz und versenkte mich in den Anblick der dortigen weltberühmten Gemäldegallerie, welche Bilder der größten Meister Italiens und der Niederlande schmücken, deren Anschau mir ein himmlisches Vergnügen schuf. Leider wurde mir nicht vergönnt, so freundlich sich der Herr Inspektor gegen mich erzeigte, auch nur eines jener klassischen Stücke copiren zu dürfen. Wieder wurde nun das nahe Bamberg besucht, wo ich Bekanntschaft mit dem geschickten Hofmaler Joseph Scheubel machte, der mit seinem talentvollen Sohne äußerst fleißig war, sowohl im Portraitiren, als im Malen von Kirchenbildern. Auch Scheubels Tochter, Nonne im Clarissen-Kloster, war Malerin, welcher vorzüglich Köpfe gut gelangen. Mit der Malerfamilie Treu zu Bamberg befreundete ich mich ebenfalls, empfohlen durch den Inspektor der Gallerie zu Pommersfelden, Johann Joseph Christoph Treu. Der Vater, Joseph Marquard, nach mancherlei merkwürdigen Schicksalen vom Judenthum zum Christenthum übergegangen, war noch in voller Thätigkeit. Eine Tochter desselben, Maria Anna, war, obschon verheirathet, ausübende Künstlerin und malte schöne Miniaturbilder."

„Von Bamberg aus knüpfte ich Briefwechsel mit meiner jungen Freundin zu Schweinfurt an, welchen der allezeit gefällige, bereits genannte Canzlist Fleischmann vermittelte, und war so glücklich, nach einiger Zeit die Zusage ihrer Hand zu erhalten."

„Am 7. September 1780 war unser hochzeitlicher Ehrentag,

der mit Goldbuchstaben in das Buch meiner Erinnerungen eingetragen ist."

„Ich verlebte nun in steter Thätigkeit zwei schöne Jahre und trat erst im Jahr 1782 in Gesellschaft lieber Freunde wieder eine größere Reise an. Diese lenkte sich zuerst nach der Tann*), wo ich durch die Freiherren **von und zu der Tann** vielfach beschäftigt wurde. Von da ging ich nach Mansbach**), wo ein Bruder meiner lieben Frau Pfarrer war und wo ich während einiger Monate alle Herrschaften dieses Ortes portraitirte. Ich entschloß mich, eine Kunstreise nach Kassel zu machen, um den berühmten Maler **Tischbein** kennen zu lernen, und zögerte nicht mit der Ausführung dieses Entschlusses."

„**Johann Heinrich Tischbein** nahm mich mit großem Wohlwollen auf. Ich zeigte ihm einige meiner Gemälde und nun führte er mich durch alle seine Zimmer, zeigte mir seine Bilder, fragte mich um mein Urtheil und eraminirte mich auf die feinste Weise über alle Haupttheile unserer gemeinschaftlichen Kunst. Da er nun an mir keinen Fremdling in derselben fand, so wurde er immer offener und freundschaftlicher gegen mich, lud mich auf den nächsten Tag zu Tische, beschenkte mich mit einigen Originalzeichnungen seiner Hand und äußerte sich ganz offen über seine Weise zu malen und wie er es zu der Kunststufe gebracht, auf der er stehe. Auch er hatte, Sohn eines Bäckers, ein Handwerk erlernen sollen, war dann Tapetenmaler geworden und hatte sich durch Fleiß und Eifer selbst emporgehoben. Gern sprach er von seinem Aufenthalt in Rom bei dem Maler Piazetta."

„Unendlich viel des Kunstschönen sah ich in Kassel und schwamm freudvoll in meinem Elemente. Leider herrschte eine

---

*) Bayerisches Städtchen an der Rhön.
**) Dorf und Gut in der Nähe von Buttlar, dicht an der bayerisch-S.-Weimarischen Grenze.

Seuche dort, von der auch Tischbein befallen wurde und an welcher viele Leute starben, doch war Tischbeins Neffe so gütig, mich überall herumzuführen, mir Alles zu zeigen. So sah ich denn die landgräfliche Gemäldegallerie, die Bilder in den fürstlichen Schlössern, namentlich alle Gemälde Tischbeins im Lustschlosse Weißenstein, das Museum, das Modellhaus, die katholische Kirche mit ihren sechs Altären, deren Bilder ebenfalls von Tischbeins Hand sind. Doch auch das Lebende zog mich an und fesselte mich. Oefter sah ich den Hof in seinem Prunk und Glanz. Die regierende Frau Landgräfin Wilhelmine war ein Wunder von Schönheit; unter der Schaar der Kammerfrauen war auch eine sehr schöne Mohrin, die sich in ihrer reichen orientalischen Tracht herrlich ausnahm."

„Tischbeins Neffe verschaffte mir auch die werthe Bekanntschaft des Professors und akademischen Raths Samuel Nahl, des durch viele Meisterwerke berühmten Bildhauers, welcher eben beschäftigt war, die Colossalstatue des Landgrafen Wilhelm II., 15 Schuh hoch, auf einem Piedestal von gleicher Höhe aus weißem cararischen Marmor zu hauen, zu welcher Johann August Nahl, Vater des Genannten, bereits das Modell gefertigt hatte. Auch Nahl erzählte mir viel von seinen Reisen, zeigte mir manche mitgebrachte Seltenheiten und nicht minder Gemälde seines Bruders Johann August, welcher treffliche Copien nach Raphael und Poussin mit aus Italien gebracht, aber bereits eine Reise nach England angetreten hatte *)."

„Da die Krankheit Tischbeins, heftiges Schnupfenfieber, zunahm und ich auch selbst von starkem Husten befallen wurde, so verließ ich endlich nach einem in künstlerischer Beziehung äußerst genußreichen 14tägigen Aufenthalte Kassel, fuhr auf der Fulda

---

*) Noch lebt als Besitzer großer Kunstschätze zu Kassel ein Abkömmling der Künstlerfamilie Nahl, der sich ebenfalls als Maler einen Namen machte.

nach Hersfeld und wanderte dann zu Fuße wiederum nach Mans=
bach über hohe Berge. Auf diesem Wege gewahrte ich ein eigen=
thümliches Phänomen, die eine Hälfte des Horizontes war nacht=
schwarz von einförmigem Schneegewölk bedeckt, die andere erschien
völlig rein und weiß, beide Seiten scharf, wie abgeschnitten be=
grenzt. Die Folge war ein Unwetter, das mich bis auf die Haut
durchnäßte und durchkältete, indeß pflegte mich meine Schwägerin
so liebevoll, daß mein Katarrh sich nicht steigerte."

„Nachdem ich in Mansbach noch einige Bildnisse der Guts=
herrschaft und einiger Beamten gemalt hatte, eilte ich mit Sehn=
sucht meiner Heimath zu, wo meine zärtliche Gattin mich freud=
voll empfing. Diese schenkte mir am 24. Mai 1783 unser erstes
Kind, eine Tochter, Anna Margaretha."

„Meine Thätigkeit setzte sich im Sommer dieses Jahres rührig
fort. Ich ward zu dem trefflichen Freiherrn Truchseß von
Wetzhausen auf dessen Schloß Bettenburg, zwischen Königsberg
in Franken und Haßfurt am Main, berufen und lernte ihn, den
berühmten Obstkenner und Kirschenpfleger, gleich so vielen Andern,
als edlen Menschenfreund von romantisch-ritterlichem Sinn, von
Freundschaftgefühl und ächter Humanität beseelt, kennen und ver=
ehren. Von der Bettenburg mußte ich zum Ritterhauptmann
Freiherrn von Hutten nach Birkenfeld, wie auf andere benach=
barte Edelsitze."

„Damals blühte noch die Kunst und hatte eine goldene Aera,
hauptsächlich auch durch die Frömmigkeit der katholischen Kirche,
die Kunstliebe der reichen Prälaten, so mancher berühmten Abteien
und Klöster. Das Jahr 1784 beschäftigte mich anhaltend in der
herrlichen Benedictiner-Abtei Theres am Main, zwischen Bam=
berg und Schweinfurt, wohin der Freiherr von Truchseß nebst
Anderen mich empfohlen hatten. Dort malte ich mehrere Altar=
blätter und einige historische Stücke in den Convent. Die Vor=
würfe zu den ersteren entnahm ich der Legende, von den Convent=

stücken aber behandelten drei die Sagen von der Begründung des Klosters, während drei andere die Geburt Christi, die Begabung durch die heiligen drei Könige und die Hinscheidung des von seinen Ordensbrüdern umgebenen St. Benedict, nach der Natur in Lebensgröße, darstellten, wobei ich manches Portrait der frommen Väter nach dem Leben verewigte."

„Auch den Kreuzgang mußte ich noch mit einigen Passionsbildern, einer Kreuzigung und einer Mater dolorosa ausschmücken."

„Daß mir, als einem Protestanten, vergönnt ward, alle diese Bilder zu malen, zeugte von dem rühmlichen Duldungssinn der höheren katholischen Geistlichkeit; ich aber strebte dahin, durch seelenvollen Ausdruck Würdiges, Edles, Großes und Erhabenes in meine Gemälde zu legen, damit sie ihren Zweck, zu rühren und zu erbauen, bei gläubigen Seelen erfüllten."

„Im Jahre 1785, das uns am 8. Juni ein Söhnchen, Caspar Friedrich, bescheerte, welches uns jedoch schon am 28. April 1787 entrissen wurde, mußte ich wieder nach Wertheim, um für Se. Erlaucht, den regierenden Grafen Friedrich einen Gartensaal zu beginnen; eine Arbeit, die mir minder zusagte. Da sich im Schlosse das Bild einer Lautenspielerin von Kupeßky befand, mußte ich dazu ein Seitenstück, eine Harfenspielerin, malen. Ich faßte zwar den Charakter gut auf, aber ich konnte Kupeßky's Geist nicht so ganz wiedergeben, zumal weil mir die gute Beleuchtung des Kupeßky'schen Zimmers abging."

„Außerdem ließ sich der Graf mehrmals für Verwandte portraitiren, wie es auch an anderer Kundschaft nicht fehlte."

„Von Wertheim erhielt ich eine Berufung zum regierenden Fürsten Carl Thomas von Löwenstein-Wertheim, der zu Weißendorf bei Erlangen wohnte. Dort malte ich neben zahlreichen Brustbildern vier Kniestücke in Lebensgröße und eine

Anzahl Thürstücke (Surports) und begab mich dann wieder in die Heimath zurück, wo es an Arbeiten ebenfalls nicht fehlte."

„Das Jahr 1787 brachte wieder eine junge Tochter, Maria Catharina, und zwar am 30. März, aber auch sie wurde uns, nachdem uns bald nach ihrer Geburt das Ableben des Söhnchens eine schmerzhafte Wunde schlug, am 26. April des nächstfolgenden Jahres durch den Tod geraubt."

„So wechseln Glück und Leid im Menschen= und Familien-leben! Geburt und Tod sind Zwillingsgeschwister. Das Jahr 1789 ersetzte uns die herben Verluste am 4. Februar durch eine Tochter, die wir nach der Verstorbenen wieder Maria Catharina nannten, aber Catharina riefen."

„Zu Hause begann ich nun, mir Gehülfen zu ziehen und Schüler zu bilden; unter ihnen war auch mein junger Neffe Friedrich Gustav Adolph Schöner aus Mansbach, der sechs Jahre bei mir war und sich durch Fleiß und gute Begabung auszeichnete. Ich suchte Jeden nach den Regeln meines bewährten Lehrers Fesel und nach den Lehren eines Rafael Mengs zu bilden. Von mir aus begab sich Friedrich Schöner nach Dresden unter die Leitung Anton Graffs und wurde einer von dessen besten Schülern*)."

Schöner war der Sohn des Pfarrers Schöner in Mans-bach; er war in Halberstadt verheirathet, wo seine Wittwe noch lebt. Ein schönes Bild von ihm befindet sich in Magdeburg in der Preschel'schen Stiftung, den Stifter in Lebensgröße dar=stellend. Schöner hat auch Wilhelm und Catharina Sattler gemalt, die sich nebst einem großen Bilde Pestalozzi's mit einem seiner Zöglinge, so wie manche andere auf Schloß

---

*) In dem F. G. A. Schöner betreffenden Artikel in Dr. Naglers K.=L. wird ihm ein hohes Lob gezollt. Er malte unter vielen andern die höchstgelungenen Bildnisse Napoleons I., Peñalozzi's, Dräseke's, Dr. Augustins zu Halberstadt und starb 1841 in Bremen.

Mainberg befinden. Die Bildergallerie des Dr. Lucanus in
Halberstadt enthält manche Gemälde von ihm. Seine Bilder
zeichnen sich durch ein frisches, feuriges Colorit aus und ändern
sich deren Farben durch die Zeit nicht, da er die Vorsicht gebrauchte,
erst alle Farben auf ihre Haltbarkeit zu probiren, indem er sie Jahre
lang aufgemalt dem Sonnenlicht und der Kellerfeuchtigkeit aus-
setzte, sie dann gegenseitig verglich und nur die wenigst veränderten
Farben wählte, eine Vorsicht, die oft von berühmteren Malern
ganz versäumt wird und später den Gemälden so wesentlich Nachtheil bringt.

„Später gewährte es mir viele Freude, auch meiner ältesten
Tochter, Anna Margaretha, die große Neigung für meine
Kunst entwickelte, Unterricht im Zeichnen und Malen zu ertheilen.
Auch die jüngere, Catharina, zeigte viele Vorliebe für die
Malerei und einen lebhaften Farbensinn."

„Das Jahr 1790 lockte mich nach Frankfurt a. M. zur großen
Kaiserkrönung Leopolds II. Da sah ich nun den Glanz, die
Pracht und alle Hoheit der großen Welt und manch neues Gebiet
der Kunst that sich mir auf. Um aber Frankfurt für längere Zeit
zu genießen und doch nicht Geld zuzusetzen, begann ich Beschäfti-
gung. Diese fand ich reichlich bei Johann Andreas Ben-
jamin Rothnagel, der als Zeichner, Maler und geübter
Kupferstecher, nicht minder als Vorsteher einer schwunghaft be-
triebenen Tapetenfabrik dort thätig war. Das Geschäft besteht
noch immer unter gleicher Firma. Es gab vollauf zu thun mit
Allegorien, Transparenten für die Illuminationen, die der Fest-
prunk erforderte, und Bildnissen vom Kaiser, von Fürsten wie Ge-
sandten, die freilich nicht die Gnade und die Zeit hatten, uns zu
sitzen, sondern wir mußten vorhandene Portraitbilder benutzen;
dafür wurden die Bilder, wenn auch keine Ideale der Kunst, doch
häufig sehr ideal."

„Bei dieser Gelegenheit sah ich auch zum ersten Male ein

Luftlager, das der Landgraf von Hessen-Kassel bei Bergen aufschlagen ließ und bezog."

„Meine Rückreise lenkte sich den schönen Gestaden meines geliebten vaterländischen Stromes entlang langsam heimwärts. Ich nahm in Form leichter Skizzen alle malerischen Punkte längs desselben von Seligenstadt bis Wertheim auf."

„Hätte der beliebte, ja berühmte Landschaftmaler Karl Sebastian v. Bemmel in Nürnberg nicht zu vieles Lehrgeld verlangt, so wäre ich vielleicht unter ihm ausschließlich Landschafter geworden, denn ich hatte auch dazu Lust und Neigung, wie einiges Talent, doch aber lenkte sich mein Geschick so, daß ich, bei der Vorliebe für jeden Zweig der Malerkunst und dessen praktischer Ausübung in keinem derselben ausgezeichnet wurde. Ausgezeichnet zu sein in nur einem Fache der Malerkunst ist ehrenvoll, doch nicht immer einträglich; vielleicht ist es sogar leichter, als in vielen Fächern zugleich erträglich zu sein."

„Im Jahre 1793 folgte ich einem Rufe nach der Abtei Ebrach, um den Herrn Prälaten und dessen Bruder, der Hauptmann in kaiserlichen Diensten war, zu portraitiren."

„Das nächstfolgende Jahr sah mich im Kloster Langheim thätig, dessen Prälat sich in voller Lebensgröße malen ließ, nächstdem daß es vollauf Bestellungen auf Brustbilder gab."

„Der Ausbruch der französischen Revolution und die Truppenbewegungen in Deutschland schlugen jede Kunstübung zu Boden. Den französischen Gästen folgten indeß bald genug kaiserliche Slavonier, an ihrer Spitze der berühmte General Jellachich, der sich bereits in manchen Gefechten auch auf fränkischem Boden ausgezeichnet hatte und bis zum Range eines Feldmarschalllieutenants emporstieg. Es wurde mir die Ehre zu Theil, ihn einmal zu portraitiren, wie auch viele Officiere seines Corps *)."

---

*) Diese Portraits und viele andere malte C. Geiger freilich nur allzu

So weit reichen Conrad Geigers eigene Aufzeichnungen. Erregten sie einigermaßen des Lesers Antheil, so wird es gerechtfertigt erscheinen, über diesen strebsamen und thätigen Mann und seine Familie noch Weiteres mitgetheilt zu erhalten.

Conrad Geigers Familienleben war ein schönes und glückliches. Die Kriegsbewegungen unterbrachen nicht auf lange seine rastlose Thätigkeit. Das Schöner'sche Haus, dessen oberes Stock er bewohnte, hatte seine ganze frühere Einrichtung beibehalten, welche Geigers Schwiegermutter, die Besitzerin, bis zu ihrem 1792 erfolgten Tode fortführte. Frau Johanna Barbara Geiger war rührig und thätig und behielt beim Tode ihrer Mutter die kleine Gartenwirthschaft bei, in der sich jeden Wochentag eine auserwählte Gesellschaft zusammenfand, Bier trank und Billard spielte. Der Garten war groß, mit Hallen und Lauben und den herrlichsten Obstbäumen versehen, und die Gesellschaft, die sich da zusammenfand, hatte sich nach alter Weise so an einander gewöhnt, daß sie selbst Alles that, eine Veränderung fern zu halten. Sie bestand aus den vier Geistlichen Schweinfurts, mehreren Rathsherren, Aerzten, Kaufleuten und achtbaren Gewerbtreibenden, und es herrschte der unbefangene und ungezwungene Bürgergeist und Ton, der noch heute in Schweinfurt heimisch ist, wenn man die rechten Kreise trifft.

Wenn Conrad Geiger sein Tagewerk vollendet und sich genug gethan hatte, kam er dann auch zur Gesellschaft herab und half sie beleben. Bisweilen reichten die Räume seiner Zimmer nicht aus für seine Bestellungen und er mußte sein Atelier in der Scheuer aufschlagen, um die großen Kirchenstücke für fränkische Klöster und Abteien ausführen zu können.

---

billig; 3. höchstens 4 Kronenthaler waren der Preis für ein Brustbild in reicher Modetracht, ohne Hände 2 Kronenthaler, daher brachte der Künstler es trotz allen Fleißes zu keinem Reichthum.

Die beiden Töchter, sechs Jahre im Alter von einander verschieden, blühten in Gesundheitfülle auf und entwickelten sich zur Freude der Aeltern und aller Verwandten. Zunächst war es die ältere, die durch ihr Talent zum Liebling des Vaters wurde. Aufzeichnungen ihrer jüngeren Schwester Catharina schildern das Jugendleben beider Mädchen im älterlichen Hause und an dieses reihen sich dann weitere Mittheilungen an.

„Das Haus und der Garten meiner Aeltern," so beginnt Catharina, „war mir der Inbegriff aller Freuden, denn ich hatte von Natur einen frohen Sinn, der mir später über viele schwere Stunden meines bewegten Lebens hinüber half; ich war damals in meinem Sinn unendlich reich, denn ich konnte noch von meinem Reichthum Anderen mittheilen. Mein Reichthum bestand in Blumen, in Tulipanen, Narcissen, Iris und weißen Lilien, Jasmin, Rosen 2c. Nur Levkoien und Nelken wegzuschenken, war mir von der Mutter untersagt. Meiner Schwester und mir war erlaubt, Würzkräuter und abgefallenes Obst aus dem Garten zu verkaufen, und wir waren stets sehr erfreut, wenn im Herbst ein Nachtwind die Bäume tüchtig geschüttelt hatte; da konnten wir nicht früh genug aufstehen, um Lese zu halten, von der wir Vieles genossen und auch Vieles wegschenkten."

„Meine Aeltern hatte ich sehr lieb und ebenso meine Schwester Margarethe; da sie sechs Jahre älter war als ich, so wurde sie mir stets zum Muster vorgestellt, eine Maßregel, die nicht immer nachhaltig guten Eindruck auf die jüngeren Geschwister macht, und da das Wesen meiner Schwester schon in jüngeren Jahren sehr ernst war, das meine aber durchaus heiter, so fehlte es bisweilen nicht an kleinen Mißverständnissen und Zwisten, die der Mutter sehr unerwünscht waren, so daß sie bei solchen Anlässen zu sagen pflegte: Wenn ihr beide einmal nicht mehr bei einander seid, werdet ihr euch nach einander sehnen. Dann aber wird es zu spät sein."

„Nur allzuwahr wurde dieses Wort der guten, treuen Mutter." —

„Meine Schwester war übrigens meine Lehrmeisterin in allen Stücken, sie lehrte mir zeichnen, lesen, sticken und die Anfänge des Schreibens. Später ging ich mit ihr in e i n e Schule, die ein Herr R u d o l p h hielt. Dieser war ein sehr guter Lehrer und die Schule machte uns nur Freude; freilich wurde damals nicht so viel wie jetzt gefordert. Wer lesen, schreiben und das Einmaleins konnte, wer im Katechismus, dem Psalter und dem Evangelium fest war und nebenbei die ganze oder halbe Bibel auswendig wußte, der war vollständig ausgebildet und gut geschult. Die Sprache eines Deutschland stets feindlichen Volkes zu erlernen und zu reden, galt damals noch nicht für B i l d u n g. Dagegen bemühte sich unser wackerer Lehrer, uns Mädchen so viel als möglich Unterricht in Rechtschreibung, im Singen mit Orgelbegleitung, wie auch im Rechnen zu ertheilen, und las mit uns Campe's Robinson, um uns auch Blicke in die Erdbeschreibung und fremde Länder thun zu lassen. Alle Schüler hatten diesen Lehrer lieb, der es verstand, ihnen nicht, wie so manche andere Pedanten seiner Zeit, den Besuch der Schule zur Qual zu machen, und auch ich habe ihm Vieles zu verdanken. Von Person war Herr R u d o l p h schwächlich und verwachsen; bisweilen kam er auch zu uns in den Garten, unterhielt sich aber mehr mit der Familie, als mit den Gästen."

„Lebhaft genug setzte, wie jede bewegte Zeit, auch die damalige, eine der bewegtesten, die Zungen und Gemüther in Bewegung, und die französische Revolution, die in den neunziger Jahren in vollem Gange war, brachte Angst und Bestürzung in unsern Gesellschaftskreis. Am meisten aber erschütterte die Hinrichtung des Königs Ludwig XVI. von Frankreich, zumal die zartbesaiteten Gemüther der Frauen und Mädchen und drang selbst bis in die Kinderkreise.

Auch ich lernte gleich vielen meiner Jugendgenoſſinnen das damals allbeliebte Lied:

„Ach, es ſtirbt der gute König,
Frankreichs Ruhm ſtirbt mit dahin ꝛc."

und entſinne mich, daß ich daſſelbe noch im Juli 1796, auf einem Steine vor unſerem Hauſe ſitzend, ſang, während die Franzoſen meine Vaterſtadt b e ſ ch o ſ ſ e n, und mein Vater mich ſtreng in das Haus rief und mir drohend ſagte: „Wenn Du das Lied noch einmal ſingſt, ſo hauen Dir die Franzoſen den Kopf ab wie ihrem König!" Ich ſchwieg entſetzt ſtille und gewahrte erſt jetzt, in welcher Verwirrung Alles war, denn der Beſchießung Schweinfurts drohte ja die Plünderung auf dem Fuße zu folgen. Was weiß aber ein Kind von ſieben Jahren von den Gräueln, der Barbarei und der Unciviliſation, die wir K r i e g nennen?"

Nach der Chronik der Stadt Schweinfurt von H. Ch. B e ck — um nur Einiges anzuführen — gaben die Verluſte, welche die Stadt durch die Franzoſen vom 22. Julius bis zum 14. September 1796 erlitt, Stoff zu einem reichhaltigen Verzeichniß, das gedruckt und für 12 Kreuzer verkauft wurde. Vom 25. Juli bis 3. September lagen 46 franzöſiſche Generale zu Schweinfurt im Quartier. J o u r d a n, der General en Chef der Sambre- und Maas-Armee, brach treulos ſein Verſprechen, die ruhigen Einwohner des rechten Rheinufers nicht zu ſchädigen.

„Meine Mutter und Schweſter waren eifrig mit Einpacken von allerlei Werthgegenſtänden beſchäftigt; ich half ſo gut ich konnte und brachte auch mein ſilbernes Pathengeſchenk, ein Tiſchbeſteck, herbei. Das Kiſtchen, welches alles zu Bergende aufnahm, wurde in den Keller geſchafft und beim Schein einer Oellampe in einen Winkel verſcharrt. Droben ſchellte es heftig, ruſende Stimmen wurden laut, Mutter und Schweſter und der Diener eilten hinauf. Drei Mann Franzoſen lärmten als Einquartirung gebieteriſch im Hauſe herum, die Kellerthüre wurde zugeschlagen und verriegelt und ich blieb ohne Absicht vergessen, gleichsam eine Schatzhüterin alter Sagen, ruhig bei der brennenden Lampe im Keller sitzen. Droben gab es alle Hände voll zu thun, und erst spät genug dachte meine Mutter an mich, rief, suchte und fand mich nirgends, bis sie endlich in den Keller kam. Da saß ich heiteres, glückliches Kind und sang in den höchsten Tönen und im grellen Widerspruch zur Zeitlage:

"Freut Euch des Lebens,
Weil noch das Lämpchen glüht!
Pflücket die Rose,
Eh sie verblüht!"

"So half mein fröhlicher Sinn mir manche Blume am Lebenspfade pflücken, der Andern so dornenvoll erschien. An die Franzosen auch gewöhnte ich mich, indem ich einsah, daß sie Menschen und nicht Menschenfresser seien. Viele Einwohner Schweinfurts hatten bei dem drohenden Ueberfall den Kopf verloren und die Häuser verschlossen, als wenn das etwas in solcher Zeit und Kriegsgefahr nütze. Der in unserer Straße wohnende Bäcker hatte nur schwarzes Kümmelbrod gebacken, das mochten die Franzosen nicht; meine Mutter aber hatte vorsorglich vieles Weißbrod und Semmeln angeschafft und ich wurde in ein Fenster gestellt, um Alles auszutheilen. Das machte uns gleich Gunst bei den verwöhnten Soldaten, und dazu kam noch, daß mein Vater und meine Schwester sich etwas in französischer Sprache mit ihnen verständigen konnten, so daß sie von allen Seiten her in Anspruch genommen wurden, denn der meiste Unmuth und Unwille entsprang dem Mangel an der gegenseitigen Verständigung."

"Als das Kriegsgewitter sich wieder aus unserm nächsten Horizont gezogen hatte, wurde das Künstlerleben im älterlichen Hause fröhlich fortgesetzt. Meine Schwester hatte in ihrer frühesten Jugend kaum das Schreiben gelernt, als in ihr auch ein lebhafter Trieb zum Zeichnen mit Bleistift und Kreide erwachte, und sie übte ihre Kunst, wie einst unser Vater in Tennenlohe, auf Tischen, an Thüren und Wänden."

"Zunächst gingen erträgliche Frauenzimmerfigürchen aus ihren Händen hervor, welche ihre Gespielinnen gleich nachahmen wollten, dieß aber nicht vermochten. Da warf sich Margaretha zur Lehrmeisterin auf, was sie mit großer Ernsthaftigkeit betrieb, während der Vater sie selbst unterrichtete. Bald malte sie mit Wasserfarben, dann mit Deckfarben, versuchte sich auch mit Pastellfarben, und Alles gelang recht leidlich, bis sie die erste Copie eines Portraits in Oel versuchte, die aber leider so sehr mißglückte, daß sie sich bis zum Weinen darüber betrübte. Indeß halfen fortgesetzte Versuche in Farbenmischung und Pinselführung über die Schwierigkeiten auch dieses Anfangs hinaus; Margaretha's Farbenbilder gewannen an Schönheit, der Vater aber ließ sie fortwährend fleißig nach strengen Regeln und Gipsmodellen zeichnen, bis sie so weit gebracht war, selbstständig mit Pastellfarben, wie in Oel nach dem Leben zu malen."

"Mir selbst war bei diesem Kunststudium der Schwester die sehr bescheidene Rolle einer Farbenreiberin und Pinselreinigerin zugetheilt, wenn die Hülfe, die ich der Mutter nun mehr und mehr im Hauswesen zu leisten hatte, Zeit zu diesen sehr nützlichen Beschäftigungen vergönnte. Doch genoß ich auch selbst bei meiner Schwester, die schon als Zeichnenlehrerin junger Mädchen auftrat, Unterricht, den ich ihr nie genug danken kann, denn auch mein Leben hat die Malerkunst, obschon ich nie als Kunstmalerin aufzutreten wagte, oder veranlaßt war, mit ihren schönsten Farbenkränzen geschmückt."

"Zu den angenehmsten Erinnerungen wurde mir eine Reise, die mein Vater mit Margaretha nach Würzburg machte und auf der ich beide begleiten durfte. Dort wurde der würdige ehemalige Lehrer unseres Vaters, Hofmaler Fesel, besucht. Wir weilten drei Wochen in der Metropole Unterfrankens, Margaretha copirte unter Fesels Augen einige Bilder van Dyks zu dessen hoher Zufriedenheit und malte ihr eigenes Brustbild mit vielem Geschmack, das sie zum Dank für seine gütigen Unterweisungen dem alten Herrn zum Andenken schenkte, der darüber eine herzliche Freude hatte."

„Dieses Bild befindet sich noch in der Sammlung des historischen Vereins für Unterfranken und Aschaffenburg zu Würzburg."

„Trotz der kurzen Frist unseres Würzburger Aufenthaltes erlangte meine Schwester schon einigen Ruf als Künstlerin. Sie mußte den Professor Schmieblein und dessen Familie, fünf Personen, und einige Portraits adeliger Herrschaften malen."

„In die Heimath zurückgekehrt, erfanden wir Schwestern uns ein eigenthümliches Vergnügen, wir malten Schweinfurter Vogelschießen. Anlaß dazu hatte der Umstand gegeben, daß Fesel Margaretha angeregt hatte, fränkische Landestrachten zu malen, was ihr anfangs vieles Vergnügen machte. Fesel hatte Auftrag, solche nach München zu liefern. Franken war ja 1802 kurpfalzbayrisch geworden und man wollte sich in München die neue Bevölkerung mindestens im Bilde beschauen."

„Im Jahre 1856 gab der polytechnische Verein zu Würzburg eine Sammlung unterfränkischer Trachten heraus, in welcher auch jene von Margaretha Geiger aufgenommen sind."

„Wir baten den Vater, uns für unser Vorhaben den Schweinfurter Schießplatz mit Umgebung zu malen, und ließen es dann unsere Sorge sein, ihn mit Spielbuden, Schützen und Volksgruppen aller Art zu beleben, die wir so naturgetreu als möglich in Deckfarben darzustellen uns bemühten. Diese panoramenartig gehaltenen Kunstwerke wurden dann zum Vergnügen der Gartengesellschaft am passenden Orte von grünem Buschwerk umrahmt aufgestellt und da die Figuren der Schweinfurter Bürger- und Schützenschaft, die ich meist gezeichnet hatte, Körper-, ja häufig Portraitähnlichkeit hatten, so gefiel die Sache ungemein, und Alles kam herbei, unsere Vogelschießen zu sehen. Meiner Schwester konnte bei ihrem Ernst und ihrem tiefen künstlerischen Sinne diese Malerei nicht auf lange zusagen; sie sehnte sich nach großen und gediegenen Vorbildern und lag dem Vater in dieser Zeit unabläſſig an, ihr zu erlauben, einem Rufe nach Bamberg zu einer vortrefflichen Dame, Frau Oberappellationsräthin v o n W e l b e n, folgen zu dürfen, die sie sammt Familie malen sollte. Einigermaßen ungern ließ unser Vater M a r g a r e t h a später ziehen, denn sie war ihm schon eine Stütze. M a r g a r e t h a malte viel besser als er weiblichen Putz, entwickelte mehr Geschmack in der damaligen Modetracht."

„Margaretha war nun 22 Jahre, ich 16 Jahre alt geworden. Es war das Weihnachtsfest 1805 gekommen; das neueste Vogelschießen stand in des Vaters Arbeitsstube und es kamen in der Absicht, dasselbe zu besehen, drei Herren in unser Haus, von denen zwei uns schon bekannt waren, der dritte aber als eine neue Erscheinung auftrat. Es war der junge Herr Christian Voit aus Schweinfurt, ein Orgelbauer und Instrumentenmacher, der aber an seiner Kunst wenig Freude und mehr Sinn für kaufmännisches Wesen hatte; Herr F r i e d r i c h W i l h e l m R u ß aus Kamen in Westphalen (geb. 7. August 1779), Gehülfe in der StadtApotheke, und Herr W i l h e l m S a t t l e r aus Kassel, ein ebenfalls junger, bescheiden = stiller Mann, der — wie wir später erfuhren — der Bleiweißfabrik von Wüstenfeld zu Hannöverisch-Münden und von Gademann zu Schweinfurt, welche diese Herren in dem Schweinfurt ziemlich nahen Dorfe Niederwern (Landgericht Werneck) besaßen, als Geschäftsführer vorstand."

„W i l h e l m S a t t l e r zeigte bei angenehmer Körperbildung und edlen Zügen ein sinnendes, nachdenkliches, in sich gekehrtes Wesen, das auf mich einen wunderbar tiefen Eindruck machte; er sprach, so viel ich mich erinnere, bei jenem ersten Besuche kein Wort mit mir und dennoch sprach sein Auge so viel."

„Unser gegenseitiges Erkennen war — ein Lied ohne Worte, ein harmonischer Einklang, ein Ineinanderklingen der Seelentöne. Meine Stunde schlug, mein Herz erbebte, mein Erdenloos war entschieden."

„Der junge Mann kam öfters wieder, doch stets nur an Sonntag-Nachmittagen, die er frei hatte. Mit seinem Freunde Ruß studirte er eifrig Chemie und machte zahlreiche Versuche in Bereitung von Farben, von denen er uns dann Proben brachte, um von uns deren praktische Brauchbarkeit für die Malerei zu erfahren."

„Auf diesem Wege knüpfte sich ein Herzensbündniß an, dem aber keineswegs das Glück mit vollen Händen entgegenkam, o nein, es gab auch stilles Leid zu tragen, und es wurde uns das Weh, das ja fast jede wahrhafte und innige junge Liebe zu bekämpfen und zu überwinden zu suchen hat, keineswegs erspart." „Doch ich kehre zur Schilderung unseres Familienlebens zurück."

„Unser Vater litt im Jahre 17'.'9 neun Wochen lang am kalten Fieber; dennoch malte er fleißig fort und gönnte sich nur wenige Erholung, wenn er diese nicht von Zeit zu Zeit auf seinen kleinen Reisen fand, die er noch immer gern unternahm. So war er im Winter 1800 in Meiningen, besuchte seinen Bekannten, den Cabinetsmaler Bach, und sah den genialen Herzog Georg zu Sachsen-Meiningen, wie derselbe, der stets bemüht war, in seinem Lande gemeinnützige Anstalten zu begründen, eine von ihm angeordnete Feuerlöschanstalt-Probe in Person leitete. Der Herzog hatte damals ein stark geröthetes Gesicht, trug eine rothe, mit weißgrauem Pelz verbrämte Mütze, über die eine weiße Feder lief, einen grünen Militairrock mit rothausgeschlagenem Kragen und einen Pelzmantel. **Geiger** malte aus der Erinnerung à la prima im Jahre 1801 des Herzogs Bildniß."

„Als in späteren Jahren Herzog Georgs Wittwe, die regierende Herzogin **Louise Eleonore**, nach Mainberg kam, wurde ihr dieses Bild gezeigt. Sie fand dasselbe sehr ähnlich, ließ es in gute Beleuchtung stellen und setzte sich auf einen bequemen Sessel davor, lange in dessen Anschauen verloren."

„Im Jahre 1802 reiste C. **Geiger** in Begleitung von Frau, Schwager und Schwägerin wieder einmal nach Mansbach. Der Weg führte ihn über **Roßdorf***), welches der Künstler für den dortigen Rittergutsbesitzer Major **von Geyso** aufnahm und dann in Oel malte."

„In den Jahren 1805 und 1806 wurden von **Geiger** mehrere Altar-Gemälde nach **Sulzbach** und **Reichmannshausen****) ausgeführt, wobei der Kriegstumult doch bisweilen Unterbrechung und Störung der Arbeit herbeiführte."

„Mittlerweile verbreitete sich mehr und mehr der Künstlerruf meiner Schwester **Margaretha**."

„Viele Personen wollten nicht vom Vater, sondern von der Tochter gemalt sein. Um diese Zeit erfolgte ihre Reise nach Bamberg, wo sie mehrere Monate verweilte und sehr angesehene Personen aus den gräflichen und freiherrlichen Familien derer **von Thürheim, von Rotenhan, von Fechenbach, von Heus, von Münster** und besonders auch die Grafen **von Frohberg** mit Familie malte. Durch diese Familien wurde **Margaretha Geiger** nach München empfohlen, wohin Graf **von Frohberg**, Adjutant des Königs **Maximilian Joseph**, sie in seinem eigenen Wagen mitnahm. Damals ging der Reiseweg nach München mit mannichfachen Krümmungen

---

*) Herzogl. S. Meiningsches Dorf im Rosa-Grunde.
**) Dörfer in Franken.

noch durch das gesegnete Hochstift und Bisthum Eichstädt und über Neuburg. In dieser Donau-Stadt wurde zwei Tage gerastet und Margaretha malte in aller Eile und à la prima einen älteren und einen jüngeren Herrn von Flachsland, welches Meisterstücke der Aehnlichkeit wurden."

„Im Jahre 1807 begann Conrad Geiger ein Bild für die St. Johanniskirche zu Schweinfurt, das er der Stadt, die ihm zur zweiten Heimath geworden, als ein Andenken an sich bestimmte. Mit vieler Liebe begann er das Gemälde: die Predigt Johannes des Täufers in der Wüste, und folgte dabei seiner Neigung, manchen darzustellenden Gesichtern Portraitähnlichkeit zu verleihen, die er auf seinen früheren Kirchenbildern ohne Hemmniß hatte üben dürfen. So brachte er auch unter den Zuhörern des Johannes sein eigenes Portrait und mehrere Physiognomien seiner Familie an."

„Es schien aber der Magistrat zu Schweinfurt nicht zu wissen, daß viele große Meister früherer Zeit ein Gleiches gethan, z. B. Lukas Cranach der ältere auf dem berühmten Altargemälde in der Stadtkirche zu Weimar, das auch dessen bedeutendstes und letztes Bild war — und der Magistrat befahl dem Künstler, die Züge der Portraitköpfe zu ändern. Der Meister that es, änderte alle, nur nicht das seine, und malte dann kein weiteres Bild. Dieses letzte war und blieb ebenfalls sein bestes."

„Die Art, wie man die Herstellungskosten, Rahmen u. s. w. des Bildes deckte, legt Zeugniß ab vom Kunstsinn jener Zeit. Man schlug das bronzene Epitaphium eines um Schweinfurt hochverdienten und geschichtlich denkwürdigen Mannes, des Balthasar Rüffer, das sich auf dem alten Gottesacker befunden hatte, in Stücke und verkaufte das Erz für altes Messing, wie die Nürnberger ihr Rathhausgitter von Peter Vischer!"/

„Hocherfreut war Geiger, als Margaretha ihm von

München aus Bilder ihrer Hand nach van Dyk sandte, aus denen er sah, daß sie ihn als Künstlerin jetzt übertraf."

„Margaretha malte alle Prinzessinnen am Münchener Hofe und empfing ein Jahrgehalt von der Königin Caroline. Sehr innig befreundete sich Margaretha in München mit der Künstlerin Sophie Reinhard, welche damals in der Gallerie zu Schleißheim copirte. Es ist noch ein Bildchen von Margarethens Hand vorhanden, wie Sophie Reinhard vor der Staffelei sitzt und ein großes Bild Martin Schöns copirt, und ein Seitenstück dazu von Sophiens Hand in ähnlicher Weise, Margaretha malend darstellend."

„Da die Neigung Wilhelm Sattlers zur jüngeren Tochter des Geigerschen Hauses und deren Erwiederung nicht lange ein Geheimniß bleiben konnte, so gab es bald genug Drangsal und Thränen. Der Oheim Schöner hörte es ungern, als die Mutter ihm mittheilte, der junge Sattler scheine ernste Absichten auf Catharina zu haben. Er war kein sonderlicher Menschenfreund, dieser Oheim, und selten auf Jemand gut zu sprechen, so war er es auch nicht auf Wilhelm Sattler, stimmte den Vater selbst gegen denselben, und es gab Redensarten zu vernehmen, wie: Ein Kaufmann ohne Geld — ist wie ein Maler ohne Farbe. Dadurch wurde jene junge Liebe sehr verkümmert. Auch die Schwester, welche von Catharina während ihres Aufenthaltes in Bamberg einmal besucht wurde, war gegen die Verbindung. Ihre Lebensansichten waren streng; sie gedachte als Jungfrau zu sterben und nur der Kunst ausschließlich zu leben."

„Von München aus wandte sich Margaretha nach Wien, wo ein Bruder Conrads, Michael Geiger, lebte, der sie einlud und ihr einen kostbaren Pelz sandte, worüber sich der Vater, als er dieß erfuhr, sehr freute, denn dieser Bruder hatte seit 24 Jahren nichts von sich hören und sehen lassen. Sein von der Nichte gemaltes Brustbild ist im Besitz der Sattlerschen Familie."

„So reiste denn **Margaretha** im Jahre 1807 in Begleitung des Hofrath **Reinhard** aus Carlsruhe und dessen Fräulein Tochter, ihrer Freundin **Sophie**, nach Wien und erwarb sich auch dort Anerkennung und Ruhm."

„In demselben Jahre kam **Catharina Geigers** Pathin, Frau Secretair **Christ** aus Wertheim, nach Schweinfurt, und auf Betrieb des Oheim **Schöner** wurde verabredet, das liebende und sich unglücklich fühlende Mädchen eine Zeit lang nach Wertheim zu senden, damit sie dort den Geliebten vergessen lerne, eine Sache, die leichter gesagt, als gethan ist. Indeß die Reise wurde beschlossen, aber da stellte sich beim Abschied auch **Wilhelm Sattler** ein und fragte den Vater ganz ehrlich: Erlauben Sie, daß ich zuweilen Sonntags ein Briefchen zum Beilegen an Ihre Tochter bringe?" —

„Ach! erwiederte **Geiger**: Vergessen Sie doch einander und heirathen Sie eine reiche Frau, die Sie haben müssen. Ich habe nichts gegen Ihre Person, und wenn ich Vermögen hätte, so würde ich von Herzen gern ja zu Ihren Wünschen sagen." —

„Während ich nun" — fährt **Catharina** in ihren Aufzeichnungen fort: „ein ganzes Jahr in Wertheim verweilte, wo ich mir vielerlei Kenntnisse aneignete, die mir noch fehlten, und mir viele Freunde gewann, wurde der Briefwechsel mit dem Geliebten doch fortgeführt, und ersterer bezeugt, wie dieser alle Kräfte seines Geistes aufbot, sich selbstständig zu machen."

„In diesem jungen Mann trieb der Gewerbfleiß eine Blüthe, die für viele Hunderte zur segensreichen Frucht erwuchs; was **Wilhelm Sattler** war und wie er es wurde, dürfte lehrreich für Tausende sein."

„Nicht genug, daß der Liebe des jungen Geschäftsmannes Abneigung von Seiten der Aeltern der Geliebten entgegentrat, auch seine eigene Familie war gegen dieselbe, denn eine „Malerstochter" schien ihr nicht würdig und ebenbürtig genug für den hoffnungsvollen Sohn."

„Mitten in der Residenz der Landgrafen von Hessen-Kassel, auf dem sogenannten alten Markt, stand das Haus des Kaufmanns Gottlieb Sattler mit einem blühenden Ladengeschäft. Ein reicher Ehesegen bevölkerte dasselbe. Herrn Gottlieb Sattler waren von seiner ersten Frau sechs Kinder geboren, und die zweite, eine geborene Teichmüller aus Braunschweig, hatte ihm deren neun geschenkt, die eine Zeit lang alle im älterlichen Hause vereinigt waren. Wilhelm war der dritte Sohn zweiter Ehe, geb. am 13. Mai 1784. —"

„Der Vater stammte aus Hannöverisch-Münden und seine Vorfahren leiteten ihren Ursprung aus Buttstädt im Großherzogthum Sachsen-Weimar. Dorthin sollen die Sattler aus Schwaben gekommen und zum Theil wieder nach Schweden ausgewandert sein."

„Von dem Hausvater Gottlieb Sattler besitzt die Familie ein wohlgetroffenes Portrait, das ihn in gepudertem Haare mit Zopf und hellseidenem Rock, mit Staatsweste und gestickten Manschetten darstellt. — So steif dieses Bild aussieht, so wenig war er es, denn er war als ein sehr wohlwollender und geselliger Mann bekannt, der sehr gern sprach und erzählte, vorzüglich von seinem Leben als preußischer Soldat im siebenjährigen Kriege. Dieses Unterhaltungstalent ist auf einige seiner Kinder übergegangen, namentlich auch auf Wilhelm, bei dem sich schon in den Knabenjahren gute und glückliche Anlagen entwickelten und eine heitere Laune, mitunter auch Neckelust, die ihm durch sein ganzes Leben treu blieben. Er empfing außer der häuslichen zum Theil seine Ausbildung in einem kleinen Institut, welches ein Landgeistlicher in der Nähe von Kassel errichtet hatte, wo es viel zu lernen, aber wenig zu essen gab. Dort blieb er zwei Jahre und kehrte zur Confirmation, bei der er noch den damals unvermeiblichen Zopf trug, in das älterliche Haus zurück. — Es bestand zu jener Zeit die Sitte, daß die Kinder der Honoratioren bei der kirchlichen Einsegnung abgesondert von denen der gewöhnlichen Bürgersleute standen; W i l h e l m aber stellte sich zum ziemlichen Unwillen der Aeltern ohne Weiteres zu den letzteren und zeigte schon dadurch den die Formen der Standesunterschiede überspringenden und nicht achtenden Geist, den er stets bewährte, indem ihm der Mensch immer höher stand als Rang und Titel. Das Landleben hatte ihn gekräftigt und ohne Kunst und Schule hatte er Klettern und Ringen, Schwimmen und Springen gelernt und zeichnete er sich in dergleichen Uebungen sowie in Kunststücken vor seinen Bekannten aus."

„Es sei gestattet, hier einen psychologischen Zug aus W i l h e l m S a t t l e r s Jugendleben einzuschalten, wie er ihn selbst und viele ähnliche erzählte, die er sich damals zwar nicht erklären konnte, die aber geeignet waren, Nachdenken zu erwecken."

„Im Alter von ohngefähr 14 Jahren schickte ihn die Mutter nach der Wachsbleiche vor dem Wilhelmshöher Thore, um dort für 5 Thaler Kerzen zu holen. Dieses Geld, lauter „Hessen-Albus" in einer Tute, war in den zur Aufnahme der Kerzen bestimmten Korb gelegt. — Der Knabe schlenkerte über den Königsplatz und wie er zur Wachsbleiche kam, war das Geld aus dem Korbe. Nun lief W i l h e l m zurück und suchte und suchte. Vergebens! Die Dämmerung brach herein; die geängstigte Mutter ließ ihn als einen Vermißten durch ganz Kassel ausschellen und ausrufen. Wilhelm gedachte sich heimlich in das Haus zu schleichen, aber das Mutterauge entdeckte ihn und die Mutterhand ertheilte eine empfindliche Strafe. W i l h e l m hatte starken Hunger und mußte diesen mit ins Bette nehmen. In der Nacht träumte ihm nun, wie er auf dem Königsplatz die 5 Thaler verloren, wie ein Herr die Tute aufhob und in ein Haus neben der Post ging. Kaum am andern Morgen aus dem Bette, eilte W i l h e l m nach jenem Platze, sah das Haus, zog die Schelle und traf in dem Hausflur denselben Herrn, den ihm der Traum gezeigt. Bescheiden fragte er ihn, ob er nicht gestern die 5 Thaler gefunden? Nun freilich, erwiederte Jener. Ich rief Dir ja nach, zeigte Dir die Tute, Du schwangst aber immer lustig Deinen Korb über den Kopf und hörtest und sahest nicht. Der Herr gab ihm das Geld und Jener ging und holte die Wachslichte."

„W i l h e l m wurde bald nach diesem Ereigniß zum Kaufmann bestimmt und in das Colonialwaaren - Geschäft von J o h a n n G e o r g R e tz m a n n zu Hannöverisch-Münden in die Lehre gebracht. In dieser Lehre, vom 1. December 1799 bis 1. December 1803, zeigte sich W. S a t t l e r fleißig, pünktlich, thätig und entwickelte zeitig kaufmännisches Talent, so daß ihm nach vollendeter Lehrzeit sein Prinzipal und die Mündener Kaufmanns-Gilde nach alter hergebrachter Weise einen Lehrbrief ausfertigten, in welchem dem „Lehrburschen" das beste Lob der Treue, des Fleißes, der Frömmigkeit und der Ehrliebe gespendet wird."

„W. S a t t l e r s Lehrherr, welcher am 6. März 1768 geboren war und am 12. December 1850 starb, blieb seinem vormaligen Lehrling bis zum Lebensende ein treuer Freund, wie denn überhaupt das Glück diesen namentlich darin bevorzugte, daß er der wahrhaften Freunde in seinem Leben sehr viele fand, und er fand sie, weil er sie verdiente und ächter Freundschaft in jeder Hinsicht würdig war."

„Nach vollendeter Lehrzeit trat W. S a t t l e r als Gehülfe oder Commis, wie es hieß, in eines der ersten Mündener Handelshäuser, in die Groß-Handlung von G e o r g E r n s t W ü s t e n f e l d (geb. 10. Nov. 1777, gest. 1. Januar 1842) ein. Münden war damals eine bedeutende Handelsstadt, sowohl in Colonialwaaren als Speditionen aller Art. Denn in früheren Zeiten hatte die Stadt schon einen Damm oder ein Wehr quer über die Werra gebaut, so daß kein Schiff weiter fahren konnte, sondern da umzuladen gezwungen war."

„Diesem selbstgeschaffenen natürlichen Handelsmonopol verdankte Münden seine Blüthe als Handelsstadt, und schon im Jahre 1807 gründete der ältere Bruder des Genannten, Herr **Christian Wüstenfeld** (geb. 24. März 1776, gest. 16. Februar 1847) eine Zuckerraffinerie, und ein anderer Bruder eine Lederfabrik; **Georg Ernst Wüstenfeld** aber, der später eine Steingutfabrik in Münden außer seinem Handelsgeschäft betrieb, gründete auch mit **Johann Georg Gademann** zu Schweinfurt (geb. 14. März 1754, gest. 25. Februar 1813) in Niederwern eine Bleiweißfabrik."

Diese Angaben dürften vielleicht manchem Leser zu sehr in's Einzelne zu gehen scheinen, allein sie sind sehr wichtig und wurden äußerst einflußreich für **Wilhelm Sattlers** Zukunft. Die drei Geschäftszweige: Bleiweißfabrik, Steingutfabrik, Zuckerfabrik, wurden für ihn drei Lebenssterne, die ihm hell und herrlich strahlten.

Die technischen Gewerbe waren in jenen Jahren noch zumeist in die Fessel des empirischen Handwerks geschlagen. Die Weltüberwinderin der Neuzeit, die Chemie, lag noch in den Windeln ihres Kindheitalters.

Die Bleiweißfabrikation, zuerst von **Martin Schmidt** in Holland erlernt und in Schweinfurt begonnen, vermochte noch lange nicht mit jener in Holland blühenden zu wetteifern und ihr die Wage zu halten.

Jetzt wurde **Wilhelm Sattler** Geschäftsführer der seit einigen Jahren von **Gademann** mit **Wüstenfeld** gegründeten Bleiweißfabrik in Niederwern und sein schon kundiger Blick durchschaute bald die Mängel dieses Gewerbes. Die Mühle war mangelhaft und das Bleiweiß wurde nicht fein, sondern bestand aus griesigen Körnern. Im nahen Gelbersheim wohnte ein verständiger Müller, Namens **Andreas Bauer**, dessen Bekanntschaft W. Sattler machte, unter dessen Rath das Mühlwerk verbessert und nun ein feineres Fabrikat erzeugt wurde. Von dem früheren, das sich als unbrauchbar und unverkäuflich gezeigt hatte, war noch ein großer in Papier verpackter Vorrath da; Sattler kaufte Gademann diesen Vorrath auf Speculation ab, indem er hoffte, denselben zu verbessern und gut zu verwerthen. Dieser Geschäftsabschluß fiel in die Zeit, in welcher W. Sattler Alles aufbot, dem Ziele seiner Herzenswünsche nahe zu kommen, aber das Schicksal zeigte sich ihm zunächst sehr feindlich. Die Bleiweißfäßchen lagerten, wie er in Schweinfurt das Geschäft mit Gademann abschloß, wohlverpackt in Niederwern, als ein ungeheurer Wolkenbruch seine Fluthen ergoß, die Wasser sich von Poppenhausen herabwälzten, den unscheinbaren Bach der Wern zum Strome anschwellten, alles erreichbar Bewegliche davon führten und trotz ihrer natürlichen Schwere die Bleiweißfäßchen alle fortrollten und in den Bach warfen.

Da fand Sattler sein Eigenthum, durch seine Ersparnisse und durch dasjenige, was er von seinen Aeltern als Mitgabe bekommen hatte, erkauft, fortgeschwemmt, als er nach Niederwern zurückkam, und er besaß weniger wie je, und die Hoffnung auf eine Vereinigung mit seiner geliebten **Catharina Geiger**, deren weiter oben geschilderte Zuneigung er damals schon in hohem Grade erworben hatte, war abermals in eine große Ferne gerückt.

Aber er gab trotz des namhaften Verlustes, den ihm der Wolkenbruch bereitet hatte, sein Streben nach Selbstständigkeit so wenig auf, wie seine Liebe zu der Auserkorenen seines Herzens. Seine Angehörigen*), die seiner Herzensneigung abhold waren,

---

*) **Gottlieb Sattler**, der Vater Wilhelms, war damals schon gestorben, denn derselbe lebte als ein eifriger Anhänger der alten deutschen Zusandten eigens Wilhelms ältern Bruder Georg nach Schweinfurt, um nähere Erkundigungen über das Mädchen und das ganze Verhältniß einzuziehen. Welchen Bericht er erstattet, haben die Liebenden nie erfahren, doch mag derselbe günstig gelautet haben, da späterhin keine Hemmnisse mehr erfolgten.

Ein reicher Oheim in Münden fand sich bewogen, Wilhelm Sattler zu seinem Anfange 1000 Thaler vorzuschießen. Damit kaufte dieser ein altes Haus in der Kirchgasse, das einen großen Garten und eine Kegelbahn besaß, worin Wirthschaft betrieben und vorzüglich zu Pfingsten an der Bauernkirchweih gespielt und getanzt wurde. In jenem Hause begann Sattler sein Geschäft und Herr Ernst Wüstenfeld sowie seine jungen Freunde in Schweinfurt leisteten ihm ihre Hülfe bei seiner Ansäßigmachung.

Im Sommer des Jahres 1808 kehrte Catharina Geiger von Wertheim nach Schweinfurt zurück und nun endlich, nach drei Jahren still-beharrlicher Liebe, gedieh es dahin, daß die Liebenden ihre Verlobung feiern durften. Conrad Geiger nahm an dem jungen Paare herzlichen Antheil, und da dasselbe das von Sattler erkaufte alte Haus in besseren Stand zu setzen suchte und sich selbst einige Stuben ausmalte, war Geiger mit Rath und That zur Hand und behülflich, ja er malte zu seinem Vergnügen selbst mit und verjüngte sich im Hinblick auf das Glück seiner Tochter. Leider sollte er dieses Glück nicht mit eigenen Augen verwirklicht sehen. Ohne daß Conrad Geiger geklagt hätte oder krank gewesen sei, traf ihn in der Nacht auf den 4. September 1808 ein Schlaganfall, der gleich tödtlich war. So wurde ihm der oft geäußerte

---

stände und konnte den Sieg der Franzosen, deren Einzug in Kassel er noch mit Zorn und Aerger angesehen hatte, nicht überleben, er starb kurz nach diesem Ereigniß im Jahre 1807, und es wurde durch diesen Todesfall die Verbindung von Sattler mit Catharina Geiger ebenfalls verzögert.

Wunsch eines schnellen Todes erfüllt. Sein Leichnam ruht auf dem wiederhergestellten alten Gottesacker. Er war nur 57 Jahre alt geworden und hatte viel geleistet in dieser ihm vergönnten Spanne Zeit; Friede seiner Asche!

Schreck, Bestürzung und Trauer waren groß in der Familie. Die Mutter Catharinens war schwer zu trösten. Margaretha schrieb aus Wien trostlose Briefe.

Am 14. Februar 1809 wurde Wilhelm Sattler mit seiner Erkorenen ehelich verbunden, und es begann für Beide nun ein thätiges Leben und Streben in gemeinschaftlicher Wirksamkeit. Sinn für Farben und Formen, lebhaftes Eingehen in neue Ideen und Erfindungen und eine kunstfertige, kunstgeübte Hand waren eine treffliche Mitgabe von Sattlers junger Frau, und das innigste Verstehen beider verwandten Seelen wurde zum seligsten Einverständniß.

Im Wonnemond des Jahres 1809 machte das junge Ehepaar seine erste Reise und zwar nach Sattlers Vaterstadt Kassel. Ueber diese Reise schrieb Catharina Sattler:

„Ich wurde von der ganzen Familie meines Mannes, besonders von dessen vortrefflicher Mutter und Großmutter sehr gut aufgenommen, und Alle wetteiferten, mir den Aufenthalt in der Residenzstadt des nunmehrigen Königreichs Westphalen angenehm zu machen. Leider waren nur die Zeiten, obschon für Kassel selbst eine Aera des Verdienstes und Glanzes angebrochen war, für das arme Hessenland sehr traurig. Vaterlandsliebe und Treue für das angestammte Fürstenhaus wurde zum todeswerthen Verbrechen durch den französischen Regenten gestempelt. Rebellen wurden diejenigen genannt, die sich erhoben hatten für ihren Kurfürsten und dessen Regierung. Täglich sahen wir politische Gefangene, von denen das Kastell voll saß, über den Markt am Sattler'schen Hause vorüberführen. Diese waren in weiße Armesünderhemden gekleidet, wurden über die Fuldabrücke gebracht und auf dem Forst erschossen. Nicht die königliche Pracht auf der Wilhelms-, damals Napoleons-Höhe, nicht der Hofprunk, die Bälle, Ballete, Theater, Aufzüge u. dergl. vermochten von meiner Brust das ängstlich drückende Gefühl zu wälzen, welches das grausenerregende Schauspiel des Gewaltmordes jener hessischen Patrioten hervorrief." —

„Auch nach Münden reisten wir auf acht Tage, um dem guten Oheim Sattler und Herrn Wüstenfeld unsern Dank für ihre gütige uns geleistete Hülfe abzustatten. Damals lebte noch Heinrich, der jüngste Bruder meines Mannes, und wir nahmen ihn mit uns nach Schweinfurt." (Er starb später einige zwanzig Jahre alt in Berlin bei seiner Schwester Friederike.)

„Nach diesen hellen Tagen brachte uns das Geschick auch wieder trübe in Fülle, und gerade unser erstes Ehejahr war unser schwerstes."

„Ich lebte noch immer freudig der Kunst, zeichnete und malte in freien Stunden und unterhielt mit meiner noch in Wien beim Oheim Michael Geiger lebenden Schwester lebhaften Briefwechsel und Gedankenaustausch. Aber das gute Mädchen war durch den Tod des Vaters tief erschüttert; ihr ganzes Wesen war nervenschwach und reizbar geworden und die Belagerung Wiens durch die Franzosen im Jahre 1809 vermehrte durch ihre Schrecknisse Margarethens krankhaften Zustand. Das Lazarethfieber durchwüthete die deutsche Kaiserstadt, ergriff auch Margaretha und merkwürdiger Weise erlag sie gerade am Todestage ihres geliebten und ein Jahr früher ihr vorangegangenen Vaters, am 4. September 1809 diesem Leiden."

„Margaretha Geiger starb betrauert von Allen, die ihren Fleiß und ihre eifrig ausdauernde Liebe zur Kunst kannten. Ihre irdischen Ueberreste wurden auf dem Kirchhofe der Vorstadt Wieden beigesetzt. Ein Bildniß von ihr in Wasserfarben (welches Ihre Excellenz die Frau Gräfin von Frohberg erst vor wenigen Jahren an Catharina Sattler sandte) stellt sie als eine Jungfrau von schmaler Form des Gesichtes und sehr ernsten Zügen dar, mit völlig aufgelöstem, überaus langem, prachtvollem Haar, mehr blond als braun, ernst sinnend, der Gestalt nach einer geistigen Jungfrauenerscheinung deutscher Sagen vergleichbar."

„Ein unglückliches Wochenbette, Folge eines Erkältungsfiebers, das ich mir auf der Kasseler Reise zugezogen, der Jammer meiner Mutter über Margarethens Tod, den ich erst nach überstandenem Wochenbett erfuhr, und mein eigener Schmerz um diesen Verlust waren nahe daran, mich aufzureiben, wenn nicht meine gute Natur den Sieg davongetragen hätte."

„Durch den Tod der geliebten Schwester, die dem theuren Vater so bald folgen mußte, erhielt das höhere innere Kunstleben in mir eine bedeutende Beugung und Unterdrückung, doch war es mir zum Heile, daß durch den Kunstsinn und das Kunststreben die Begabung geweckt war, auch für das gewerbliche Streben Empfänglichkeit und Neigung an den Tag treten zu lassen."

„Wir, mein Mann und ich, lebten still, häuslich eingezogen, auf uns beschränkt, in den ersten Jahren unseres Ehebundes. Wir arbeiteten gemeinschaftlich, lebten uns zunächst innig in einander ein, und dann in die Welt der Farben, deren Durchforschung nach jeder Richtung hin wir unser angelegentlichstes Studium sein ließen. Meinen Mann zogen sie an vom geschäftlichen Standpunkt aus, mich vom künstlerischen, und so reichten sich Gewerbfleiß und Kunstfleiß die Hände zu einem sich mehr und mehr schöpferisch entfaltenden großartigen Werke, das Segen bringend und Wohlstand herbeiführend zu stets wachsender Blüthe gedieh. Das ging aber keineswegs ohne Mühen und Sorgen, wie Manche wähnen dürften. Wir hatten an irdischen Gütern vor Anderen nichts voraus und mußten uns einrichten so gut es ging. Das älterliche Haus wurde verkauft; der Erlös blieb der Mutter gesichert, welche wir zu uns nahmen und die bis zu ihrem Ableben in liebevoller Eintracht bei uns wohnte und mir treulichst in der Führung des sich bald genug vergrößernden Haushaltes beistand."

„Der oben erwähnte Herr Ruß, welcher nach seinem Austritt aus der Stadtapotheke seine Wohnung in meinem Aelternhause gehabt hatte, nahm diese nun bei uns und blieb uns bis zu seinem Lebensende ein treuer, fleißiger, einsichtsvoller und redlicher Geschäftsfreund, der in der Farbenbereitung sich durch seine chemischen Kenntnisse so zu sagen unentbehrlich machte, und danach einem bekannten Sprüchwort — aus einem **Apotheker Alles** werden kann, so bewahrheitete Ruß dasselbe mindestens für uns in der befriedigendsten Weise." —

Eine der ersten Thätigkeitsrichtungen W. Sattlers wurde, nachdem jene Spekulation auf älteres Bleiweiß durch den Wolkenbruch vernichtet worden war, von besserem Erfolg belohnt. Es war die Zubereitung von Goldocher als Malerfarbe, dessen Geschichte in Kürze hier stehen soll.

Im Jahre 1794 kam nämlich zu Herrn Kaufmann Schmidt in Schweinfurt ein Mann und brachte eine Probe Ocher, der goldgelb aussah, und fragte, ob man ihn wohl gebrauchen könnte? Schmidt schickte diesen Ocher an Conrad Geiger, der ihn probirte und gut brauchbar fand. So blieb es lange Zeit bis zum Jahre 1799, wo J. B. Klingers Erbe in Würzburg den Ertrag der Grube pachtete und ihn zum Gelbfärben von Schnupf- und Rauchtabak verkaufte. Da gelang es W. Sattler, diesen Ocher in Ober-Ebersbach, Landgerichts Münnerstadt, an der Grube aufzufinden, und er kaufte den Grubenbesitzern einen großen Haufen Abraum ab, der sich seit 15 Jahren angesammelt hatte und als unbrauchbar bei Seite geworfen worden war. Er gab ein großes Capital, nämlich 1500 fl., dafür, und die Fracht nach Schweinfurt betrug eher noch mehr, so daß die jungen Eheleute viele Sorgen hatten, das Geld aufzubringen. In dieser Noth wandte sich Sattler an Freunde, um ihm Geld zu leihen. Es wurde ihm **abgeschlagen**, er mußte 1500 fl. Hypothek auf sein Haus bestellen lassen, und die Frau mußte Silbersachen, Pathengeschenke, kurz Alles, was zu Geld zu machen war, verkaufen, um nur die Fracht zu decken. Durch Schlemmen und Präpariren dieses Ochers, das erst 30 Jahre nachher an der Grube bekannt und angewandt wurde, verdiente Sattler sich vieles Geld, um so mehr, da er neue Anwendungsarten und Absatzwege in weiter Ferne für diese Farbe gefunden hatte.

Sattlers junge Frau half fleißig auf dem Comptoir schreiben, der oben erwähnte Herr Christian Voit trat als Reisender in das Geschäft, und Herr Ruß unterstützte einen der unternommenen Fabrikationszweige nach dem andern durch seine Thätigkeit und seine chemischen Kenntnisse. Es war die Zeit der Continentalsperre, die der binnenländischen deutschen Betriebsamkeit in manchen Stücken förderlich war. Man bereitete im Großen Stärkezucker, Rum, Arrak, Weinsteinsäure, verschiedene Liqueure u. dergl. im Sattlerschen Hause und erfreute sich ergiebigen Absatzes.

Ebenso umsichtig, wie Sattler als Fabrikant war, war er es auch als Kaufmann durch die Wahl der Artikel, die er anfertigte, die sich leicht und weithin verkauften. Nicht leicht kam ihm etwas unter die Hände, das er ununtersucht ließ.

So gab das Speisen einer Sago-Suppe die Veranlassung, darüber bei Tisch mit seinem Freunde Ruß zu sprechen, der ihm sagte, daß der Semen Sago aus Ostindien käme. Sattler äußerte, daß er ihn nicht für einen Samen, sondern für ein künstlich gemachtes Korn halte. Die Hausfrau wies bei diesem Gespräch auf eine Mittheilung hin, die im Reichsanzeiger gestanden hatte, daß man aus Stärkemehl Kartoffel-Reis bereite. Alsbald begannen Untersuchungen und Versuche, die Körner wurden zum Aufquellen gebracht, durch das Mikroskop betrachtet, und es stellte sich bald heraus, daß es kein Sagosamen war, wie er irrig damals in den Preislisten der Materialisten stand, sondern ein getrocknetes, durch Brühhitze verändertes Stärkemehl.

Nun begannen eine Reihe Versuche, und die Erfindung des „deutschen Sago" trat ins Leben. Bald beschäftigte dieselbe dreißig Mädchen mit der Bereitung von Kartoffelmehl und dem Rollen und Sieben des Sago's, und bald fehlte es nicht am Absatz, obschon die Erfindung noch nicht vollendet war; sie hatte noch einen Mangel; es wurde trotz der Hülfe so vieler Hände an einem Tage oft nicht mehr als 1/2 bis 1 Centner fertig, indem es sehr schwierig war, die Körner zu trocknen, da sie, wenn sie noch halbfeucht auf einander lagen, an einander anklebten.

Da traf es sich, daß Wilhelm Sattler durch das Unwohlsein seines zweiten Söhnchens in der nächtlichen Ruhe gestört, von seiner ebenfalls ermüdeten Gattin ersucht wurde, dem Kinde einige Pillen zu geben. Die Einhüllung dieser Pillen in Streumehl weckte in Sattler den glücklichen Gedanken, das, was in den Apotheken im Kleinen täglich gelingt, damit die häufig aus klebrigen Stoffen bereiteten Pillen sich nicht anhängen, im Großen zu versuchen. Er konnte kaum den Morgen erwarten, um in die Rollstube zu eilen, in welcher der Kartoffelsago zu Körnern gerollt wurde, und die feuchten Körner in Streumehl zu hüllen. Als Ruß dazu kam, sprach Sattler zu ihm: „Du kannst nur gleich die Hälfte der Arbeiterinnen entlassen, wir machen heute zehn Centner Sago. Sieh her, Apotheker! Du, der so viele Pillen gedreht, und dem das Aspergiren beim Sago nicht einfiel!" Ruß überzeugte sich bald vom Praktischen dieses neuen Gedankens; es wurden an diesem Tage 15 Centner Sago fertig und die Erfindung war gesichert.

Der Schweinfurter Sago wurde in ganzen Schiffsladungen nach Mainz geschafft und von da nach Holland und England ausgeführt, von welchen Ländern er als Palm-Sago wieder, wegen der Colonialsperre, in die Länder des französischen Zollvereins eingeschmuggelt wurde. Ein solches nach Cöln bestimmtes Schiff wurde 1813 von der französischen Besatzung zu Mainz angehalten und mit Beschlag belegt. W. Sattler ließ die Bereitungsart seines Sago von der städtischen Behörde zu Schweinfurt bestätigen und wandte sich nach Paris mit einer Vorstellung, seinen Sago freizugeben. Es wurde erwiedert, daß es wohl möglich sei, weißen Perl-Sago nachzukünsteln, aber nicht den braunen. Sattler erbot sich, Sago in jeder verlangten Farbe herzustellen und seine Proben selbst nach Paris zu bringen oder sie dort vor einer Commission zu fertigen. Darauf erfolgte ein Belobungs=schreiben des damaligen Handelsministers Chaptal, welcher aussprach: es sei diese Fabrikation ganz im Sinne Sr. Majestät des Kaisers der Franzosen, die englischen Waaren und Einfuhr=artikel entbehrlich zu machen. Das Schiff wurde freigegeben, aber die Kosten, welche diese Angelegenheit veranlaßte, die sich auf mehrere Tausend Franken beliefen, waren und blieben verloren.

Das herrliche Weinjahr 1811 konnte leicht zu einer Specu=lation auf Most verleiten. Sattlers Mittel erlaubten jetzt schon einen bedeutenden Ankauf, und mit welchem Vortheil der 1811er wieder verkauft werden konnte, ist hinlänglich bekannt. Wenn auch die bei Schweinfurt gebauten Weine im gewöhnlichen Handel nur als Landweine gelten, so haben doch die an der soge=nannten Mainleite, einem herrlichen Weingelände am rechten Mainufer, das sich aufwärts von der „Hölle" und der „Peters=stirne" bis nach Mainberg ununterbrochen ausdehnt, gelegenen Weinberge eine äußerst günstige Lage und liefern in guten Jahren sehr angenehme Tischweine.

Eine zweite Reise nach Kassel, welche im Jahre 1812 beide Ehegatten zu der Schwiegermutter unternahmen, führte sie auch auf die Wartburg, wo sie sich in das Fremdenbuch einschrieben. Sie ahnten es nicht, wer Tages zuvor sich dort eingeschrieben, und lasen es nicht, denn es stand auf der vordern Seite des Blattes.

„Da stand — so fand es ein Jahr später W. Sattler — der Name seines Bruders: Georg, da stand wörtlich:"

„Georg Sattler auf seiner Durchreise nach Warschau, nimmt hiermit von seinen Freunden auf ewig Abschied." —

Als die Reisenden zu den lieben Verwandten nach Kassel kamen, lasen sie Bestürzung und Verlegenheit auf allen Gesichtern. Georg hatte Frau und Kind heimlich verlassen, in Folge unzufriedener Ehe und Zerrüttung des Geschäftes. Niemand wußte, wohin er gegangen, und Niemand von der Familie sah ihn wieder. Jede Nachforschung war erfolglos, nur spät gingen unverbürgte Nachrichten ein, daß er in Warschau, nach andern in Rußland, als Hautboist bei der französischen Armee gesehen worden sei. Der zweite Bruder, Gottlieb, mußte in demselben Jahre das älterliche Haus verlassen, mit den westphälischen Truppen nach Rußland marschiren, und von ihm erhielt die Familie sichere Nachricht; leider nur die, daß er von Hunger und Kälte beim Rückzuge der großen Armee fast aufgerieben, im Hospitale zu Warschau verstorben sei.

Da auch W. Sattlers oben erwähnter jüngster Bruder, Heinrich, bald mit Tode abging, so hatte er keine rechten Brüder mehr. Von den fünf Schwestern leben noch zwei, von den Stiefgeschwistern ist keines mehr unter den Lebenden.

W. Sattlers Schwestern fanden brave Männer: die jüngste, Henriette, verheirathete sich an den Baumeister Haak, nachmals Ingenieur-Hauptmann, dann Major und Director der Festungsbauten zu Erfurt, Saarlouis, Mainz und Coblenz, wo er im Jahre 1850 starb, und um die älteste, Catharina, bewarb sich damals ein Freund W. Sattlers, C. Carvacchi, jetziger Geh. Oberfinanzrath in Münster. Sie war sehr gebildeten Geistes und hatte vieles Talent zur Musik und zu anderen Künsten.

Immer lebendiger wurde es im Sattler'schen Hause, immer blühender entfaltete sich dessen Geschäftsleben. Auch Herr Carvacchi trat später in das Geschäft ein, um die Kaufmannschaft zu erlernen. In jeder Beziehung lebhaft und bewegt zeigten sich die Jahre 1813 bis 1815. Eine Aufzeichnung der Frau Catharina Sattler schildert diese Periode mit ihrer einfach klaren Darstellungsgabe, daher diese Schilderung wörtlich folgen mag:

„Es kam das Jahr 1813 heran, und ein fürchterlich kalter Winter, der bis Ende März dauerte. Der Main fror fest zu, so daß wir oft nach Sennfeld spazieren gingen, um die sogenannte Trillerbahn zu sehen, auf welcher sich die Jugend auf dem gefrorenen Strome ergötzte. Man feierte sogar ein Fest auf dem Main-Eis. Die Herren liefen Schlittschuh auf dem Eis, deren Bahnen den ganzen Winter sichtbar blieben. Herr Ruß und Herr Voit waren häufig unsere Begleiter. Vielfach lenkte sich das Gespräch der Männer auf die Politik, deren Stand ein ganz eigenthümlicher wurde. Dunkle Gerüchte von großen Verlusten der französischen Armee drangen nach Deutschland, aber sie durften nicht laut werden. In Napoleons Bulletins siegte diese Armee fortwährend, bis dem ehernen Coloß die thönernen Füße brachen und die gloriosen Lügen zu Tage traten."

„Endlich brach, wie in Rußland die Napoleonische Herrlichkeit, auch das Eis unseres Stromes."

„Im Mai kauften wir die sogenannte Waldmühle bei Schonungen von Kilian Zweckert, denn unsere durch Pferde bewegte Mühle im eigenen Hause reichte nicht mehr aus für den lebhaften Betrieb der gemahlenen Farbenstoffe. Ich zeichnete uns als Familiengruppe, meinen Mann, wie er die Mühle betrachtete und den Plan eines Neubaues derselben entwarf, mich, die Mühle abzeichnend, auf einem run-

den Baumblock sitzend und unsern dreijährigen Sohn, den Sonnen-
schirm haltend. Später zeichnete ich die Mühle nochmals, und
ich radirte das Bildchen, auf dem ich uns drei ebenfalls angebracht hatte."

„Im Sommer gab es viele französische Einquartirung;
mainab und mainauf wogten die Heere. Die Leipziger Völker-
schlacht wurde geschlagen, aber immer noch durfte man nicht ju-
beln. Während Napoleon mit seinem Heere schon in voller
Flucht begriffen war, mußte die Bamberger Zeitung, damals eine
der gelesensten, immer noch Sieges-Bulletins bringen."

„Die Mutter kam von Kassel zum Besuch zu uns und konnte
fast nicht in die Stadt gelangen. Auf dem Bleichrasen lagen in
Barracken viele nervenfieberkranke Franzosen. Mit einem Male
verbreitete sich das Gerücht, die Kosaken seien da. Es waren
ihrer einige Hundert; sie lagerten vor dem Oberthore an Grü-
bels Garten; der Ort heißt noch heute der Kosakenplatz. Alles
strömte zum Thore hinaus mit reichen Gaben;. wir. beluden uns
mit Rum und Arrak und ernteten viele Dankesblicke und manches
Dovre, Dovre!"

„Während die bärtigen Söhne des Don und Ural sich an
Eßwaaren, Bier und Schnäpsen fast allzureichlich labten, schlüpfte
Napoleon Bonaparte auf schnellster Flucht über Hammel-
burg nach dem Rheine zu. Brachen die Kosaken von Schweinfurt aus nur eine Viertelstunde früher dorthin auf, so konnten sie
ihn fangen."

„Die Zeit war dumpf und trübe, das Wetter regnerisch
und rauh, wie während des ganzen Sommers. Die Trauben
waren so sauer, daß sie nur den Russen mundeten. Wir hörten
bei einem Abendspatziergange den fernen Donner der Kanonen,
mit denen General Fürst von Wrede Würzburg beschießen ließ.
Diese Kanonade dauerte die ganze Nacht hindurch."

„Erst als die Franzosen auch bei Hanau geschlagen worden waren, begann man freier zu athmen, es fiel Allen wie ein drückender Alp von der Brust und nun kamen von Meiningen her die nachrückenden Armeen. Zunächst rückten unter dem Commando des General Miloradowitsch russische Garderegimenter zu Fuß ein, prachtvolle Musik voran, dann kam ein preußisches Garderegiment und ein Regiment Gardejäger; es folgten mehrere Batterien russischer Artillerie, dabei eine Batterie Zwölfpfünder. Dann kam Kaiser Alexander mit zahlloser Generalität, gefolgt von 5 Batterien reitender Artillerie und 60 Kanonen der Fußartillerie. Alle Glocken läuteten, alles Volk schrie Hurrah! und der Jubel wollte kein Ende nehmen. Wir hatten am Hause einen großen Hof und mußten schrecklich viele Pferde aufnehmen, unsere eigenen mußten wir in der Roßmühle unterbringen, so gut es gehen wollte. Das Haus lag voll Officiere und Gemeine; wir mußten unaufhörlich kochen. Die Officiere ließen 24 Mann Regimentsmusiker kommen, und im geräumigen Hausplatz wurde getanzt. Diese Officiere benahmen sich sehr artig und sprachen meist ein reines Deutsch. Auch wurde gute Mannszucht gehalten. Bei den Durchzügen 1815 hingegen zeigten sich die russischen Truppen verwöhnt und verwildert und wir hatten mit ihnen große Last und Plage."

„In jener Zeit gab es billige Pferde. Kosaken und Baschkiren verkauften die ihrigen oft um ein Spottgeld und nahmen sich dann andere, wo sie deren fanden. Wir tauschten gegen Rum einige gute russische Pferde ein und erwarben ein langmähniges Baschkirenpferd mit einem schwarzen Strich über den ganzen Rücken. Der Besitzer war der Hettmann Scabskowa; er und sein Bedienter nahmen von dem Pferdchen so zärtlich Abschied, wie ein Liebender nur von der Geliebten nehmen kann, und nicht nur kam Scabskowa bei der Rückkehr aus Frankreich wieder, um nach dem treuen Thiere zu sehen, sondern auch nochmals beim

Zuge 1815 aus Polen nach Frankreich und von Frankreich zurück in die Heimath." —

Durch den Fortgang der Sattler'schen Fabrikgeschäfte wurde aus dem Auslande vieles Geld nach Schweinfurt gezogen. Bald überholte das Haus die Engros-Firmen der Stadt. Das Element des lebensfrischen Aufmunterns und Anregens, das in W. Sattlers Wesen lag, wirkte auf zahlreiche Personen vortheilhaft ein, und dabei suchte er nicht den eigenen Vortheil, sondern freute sich, wenn er solchen durch Rath und That auch Andern zuwenden konnte. Sattlers unerschöpfliche Thätigkeit wirkte beispielgebend auf Viele, welche begannen, ihm nachzuahmen, was er stets ohne Neid sah, denn sein Charakter war wohlwollend, unverschlossen und bieder. Ehrlich und offen gegen Jeden, der es redlich und ehrlich meinte, gab er sich stets wie er war, und war gern geneigt, auch Solchen, die sich gegen ihn unehrlich und falsch benommen hatten, ihr Unrecht zu verzeihen und es zu vergessen, wenn sie dasselbe einsahen und bereuten. Manche Charaktere hat er verbessert, manche Irrende auf richtige Wege geleitet, blos durch die sittlich-moralische Kraft seiner überzeugenden Rede und durch die bewältigende Macht seines Beispiels.

Freilich vermochte er nicht Jedem Erfindungsgeist in die Seele zu hauchen, denn dieser ist eine eigenthümliche und seltene Naturgabe, die vorzugsweise ihm verliehen war, die ihm weit in die Ferne reichenden Ruhm und ein bedeutendes Vermögen verschaffte und in der Geschichte der Erfindungen seinem Namen eine bleibende Stelle sichert, daher müssen noch mehrere seiner wichtigen Erfindungen in diesen Lebensbildern näher berührt werden.

W. Sattler war unablässig bemüht, mitten im Kreise seiner Freunde Ruß, Voit u. A. seine Kenntnisse zu vervollkommnen, und dieß geschah durch fleißiges Lesen einschlagender Bücher und lebhaften Gedankenaustausch über das Gelesene.

Wenn andere Bürger Abends zu Wein und Bier gingen,

saß Sattler zu Hause bei Frau und Kindern, und las alte und neue Bücher durch, und namentlich mit Vorliebe die Werke über Chemie und Technologie von Klapproth, Macquer, Prechtl, Crells chemische Annalen u. dgl. In einem Bande der letztern hatte Crell in einer Anmerkung geäußert, daß eine Verbindung von Grünspan und Arsenik eine schöne grüne Farbe gebe. Sattler ließ Ruß diese Mittheilung lesen und forderte ihn zu Versuchen auf, denn Sattlers Geist ergriff jede neue Erscheinung mit Lebhaftigkeit, und oft überflügelte der Scharfblick des Denkers, des Kaufmanns, den blos praktischen Chemiker und Techniker.

Ruß machte zwar den Versuch, aber als Sattler das gewonnene Farbenpräparat zu sehen verlangte, sagte dieser: „Es ist nichts damit, es giebt nur eine schmutzige gelblichgrüne Farbe; ich habe das Zeug gleich weggeschüttet."

„„Mache es doch noch einmal!"" erwiederte Sattler, und dieß geschah. Ruß hatte Recht oder schien doch Recht zu haben. Gleichwohl nahm Sattler das Product mit in seine Schlafstube, die halb dem Laboratorium eines Chemikers und halb der Werkstätte eines Schlossers oder Mechanikers glich. Da standen alle Fenstersimse und Tische voll Gläser mit Farbenproben, deren Beobachtung im Laufe der Stunden und Tage beständig fortgesetzt wurde. Ein besonderes Buch nahm schriftliche Notizen über die chemischen Erscheinungen und Veränderungen der Farben auf und enthielt zugleich Papieranstriche derselben, wie Bemerkungen über die größere oder geringere Güte bezüglich technischer Anwendung.

Sattler gewahrte, daß die anfänglich ocherfarbigen Niederschläge des neuen Grünspanpräparates durch öfteres Umrühren immer reinere und lebhaftere grüne Färbung annahmen, ja im trockenen Zustande geradezu leuchtend wurden. Diese zeigte nun nach mehreren Tagen Sattler seinem Ruß, der sich erstaunt über diese schöne Farbe, wie er noch nie eine gesehen, äußerte, worauf Sattler ihm sagte: „Ruß, diese Farbe hast Du selbst

5*

gemacht!". Ruß wollte das gar nicht glauben, wurde aber bald überzeugt. Nun wurden noch Hunderte von Proben gemacht, bis die neue Farbe in völliger Vollkommenheit darstellbar wurde, und Sattler nannte sie seiner zweiten Heimathstadt zu Ehren: Schweinfurter Grün.

Ein wenig denkender Kopf hätte Ruß's erste verneinende Aeußerung, daß die von Crell nur erst angedeutete Farbe nichts werth sei, ruhig und ohne weitere Prüfung hingenommen und auf sich beruhen lassen, und das Schweinfurter Grün wäre damals nicht erfunden worden.

Dieser Farbstoff bahnte sich rasch den Weg durch ganz Deutschland, durch ganz Europa, ging nach Rußland, nach China und nach Amerika in stets wachsendem Absatz.

Später erlitt es, theils aus Handelsneid, theils aus Sanitätsrücksichten mannichfache Anfechtungen, zumal in Bezug auf dessen Verwendung als Tapetenfarbe, das als Arsenikpräparat ganz besonders schädlich durch Einathmen seiner Ausdünstung wirken sollte.

Der dritte Sohn W. Sattlers, Carl S., Kaufmann, Naturforscher und Chemiker, hat im Jahre 1855 eine kleine Schrift, betitelt: **Das Schweinfurter Grün.** Erörterung der Frage: Ist der angemessene und gewöhnliche Gebrauch des genannten Grüns der Gesundheit nachtheilig? — im Selbstverlag erscheinen lassen.

In diesem, dem nun verstorbenen Präsidenten der kaiserlich leopoldinisch-karolinischen Akademie der Naturforscher*) ꝛc. Dr. Rees von Esenbeck gewidmeten Schriftchen wird in klarer, auch dem Laien in der Chemie verständlicher Darstellung dargethan, wie das ächte, wirkliche Schweinfurter Grün (das eine Menge

---

*) Carl Sattler wurde durch seine Schrift Mitglied dieser Gesellschaft.

Fabriken nachgekünstelt haben) aus Essig und arsenigsaurem Kupferoryd bestehe, dessen Bestandtheile nach der Kunstsprache der Chemiker durch die Formel ausgedrückt werden:

$$CuO\ C_4\ H_3\ O_3 + 3\ (2\ CuO\ AsO_3).$$

Demnach ist schlagend nachgewiesen, daß freie arsenige Säure, die durch Verdunstung allerdings schädlich wirken könnte (so gut wie die Verdunstung des Quecksilbers), nicht im Schweinfurter Grün enthalten ist, sondern nur gebunden. Jede Metallfarbe, wie Bleiweiß, Chromgelb, Grünspan, Mennige, Zinnober ꝛc. ist so zu sagen Gift, wenn man dieselbe genießen wollte. Niemand wird Schweinfurter Grün einem Conditor zur Zuckerfärbung anempfehlen. Auch tapezirt man mit Tapeten, denen solche Farben aufgetragen sind, nicht Küchen- und Speiseschränke aus.

Indem die Schönheit und Lebendigkeit des Schweinfurter Grüns, seine Dauerbarkeit und seine nach vieler Richtung hin empfehlenswerthe Anwendung hervorgehoben wird, richtet sich die Apologie desselben hauptsächlich gegen den Vorwurf der **Schädlichkeit der schweinfurter-grünen Tapeten***). Einmal ist der Farbestoff auf dem Tapetenpapier schon durch unumgänglich nöthige Bindemittel gegen Verstaubung gesichert, sonst würde das Fabrikat schlecht und unanwendbar sein; dann ist bei gewöhnlicher Temperatur ebensowenig an Verdunstung zu denken. Oefen von Eisen oder Thon wird man mit dieser Farbe nicht bestreichen. In den Sattler'schen Wohnhäusern wurde von schweinfurter-grünen Tapeten der ausgedehnteste Gebrauch in jeder Art von Zimmern gemacht, ohne irgend einen

---

*) Dieses Grün ist die einzige grüne Farbe, die auch bei künstlicher Beleuchtung grün aussieht; wer den bekannten grünen Saal des Kroll'schen Etablissements in Berlin zum ersten Mal beleuchtet erblickt, wird von dem erfrischenden Eindruck dieser Farbe überrascht werden, die bis jetzt noch durch keine andere ersetzt werden kann.

Nachtheil für die Gesundheit Derer, welche diese Zimmer bewohnten, in ihnen schliefen oder arbeiteten.

Dieß möge genügen, die Anschuldigungen gegen die Schädlichkeit des Schweinfurter Grüns zurückzuweisen, die hier nicht allzu weitläufig erörtert werden können. Es wird sich gegen die wissenschaftlichen Darlegungen in dem angezogenen Schriftchen wenig oder nichts Erhebliches einwenden lassen.

Das Chromgelb, nach dem Schweinfurter Grün eine der leuchtendsten Malerfarben, wurde ebenfalls von W. Sattler verbessert und von 1814 an in großen Mengen fabricirt und versendet.

Er bezog hierzu große Quantitäten Chrom-Eisenstein aus Norwegen und Amerika, aus welchem er diese Farbe sowie das chromsaure Kali bereitete, welches in den Kattunfabriken gebraucht wurde. Durch die enormen Kosten, die er für dieses Erz bezahlen mußte, veranlaßte er seine Geschäftsfreunde an den Seeplätzen, das chromsaure Kali an Ort und Stelle auszuziehen, und ist es nun ein Leichtes, aus dem in Handel kommenden chromsauren Kali dieses schöne Gelb zu bereiten, während man damals viel unnützes Eisen und Gestein mit beziehen mußte.

Das Gewicht dieses Erzes brachte Sattler auf die Idee, mit einem Rückstand der Smaltefabrikation, der sogenannten Kobalt- oder Nickelspeise Versuche zu machen, die aber kein Resultat lieferten; er speicherte jedoch diesen damals werthlosen Artikel wegen seiner specifischen Schwere auf, bis die Erfindung des Argentan oder Neusilbers von Dr. Geitner gemacht wurde; jetzt dachte er auch an seinen Vorrath, der als unwerth gar nicht in das Inventar aufgenommen war, und verkaufte ihn zu stets steigenden Preisen.

In dieser Weise wußte Sattlers erfinderischer und schöpferischer Geist todtliegende Stoffe frisch zu beleben, sie neu zu gestalten, und wie er bei seinen technischen Arbeiten immer den prüfenden Blick anlegte, so legte er ihn auch an beim Lesen von Handelsberichten, bei politischen Blättern und wissenschaftlichen Werken. Seine Thätigkeitsrichtungen waren und blieben lange Zeit die mannichfaltigsten, und um diese richtig und des Mannes, der sie ausübte, würdig zu schildern, erscheint es nothwendig, dieselben zu gliedern. Es ist dieß nicht ganz leicht, da stets eine Thätigkeit in die andere eingriff, wie die Räder in einem Uhrwerke, und das stete Streben nach Fortschritt und Fortbildung niemals auf einer Einzelstufe geistiger Errungenschaften stehen blieb, wäre diese auch noch so befriedigend gewesen.

Es konnte nicht fehlen, daß, je mehr der Name Wilhelm Sattler in immer weiteren Kreisen genannt wurde, neben der häuslichen Thätigkeit, die seinem Geschäftsleben, seiner Familie, seinen Neigungen zugewendet war, er sich veranlaßt sah, auch öffentlicher Thätigkeit sich zuzuwenden. Eines Theils geschah dieß allerdings schon durch seine kaufmännische Wirksamkeit, indem er eine Menge Menschen nicht blos als Fabrikarbeiter beschäftigte, sondern auch für seine sich immer weiter verzweigenden Geschäfte mehr und mehr junge Handelsleute als Commis oder Reisende annahm, mit Compagnons gemeinschaftliche Unternehmungen in das Leben rief, Verwalter anstellte und Handwerkern wie Handarbeitern theils selbst Verdienst verschaffte, theils Anlaß wurde, daß andere Industrielle dieß in größerem Maße thaten, als früher, bevor sein anregendes Vorbild zur Nacheiferung anspornte. Geschäftsleute, welche sahen, wie es Sattler mit seinen Farben glückte, begannen nun auch deren Fabrikation, wogegen Sattler eine Bleiweißfabrik anlegte. Die Sagobereitung wurde durch Arbeiter vertragen, und da und dort, z. B. in Neustadt an der Saale, in kleinen Fabriken nachgeahmt.

Schon hatte sich Sattler unter der Bürgerschaft Schweinfurts Achtung und Anerkennung erworben, die ihn im Jahre 1814 zum Gemeindebevollmächtigten erwählte. Und dieses Ehrenamt hat er mit vollem Vertrauen einige 30 Jahre lang, bis 1846 bekleidet, zuletzt sogar 6 Jahre als Vorstand dieser Corporation. Hier war ihm ein nicht unbedeutender Wirkungskreis und volle Gelegenheit geboten, sich im hohen Grade gemeinnützlich zu machen. Stets strebend, nach jeder Richtung hin den Sinn für Recht und bürgerliche Ordnung aufrecht zu erhalten, was allseits anerkannt wurde, that er, was er vermochte, für den Fortschritt der Gewerbe und deren Hebung, förderte von ihm als brav und tüchtig anerkannte Männer, redete ihnen bei der häufig durch altstädtische Einrichtungen erschwerten Ansässigmachung das Wort und erwarb sich deren dankbare Liebe. Ueberhaupt leistete er in dieser Stellung für die Umgestaltung der Stadt, durch Beförderung des Spitalbaues, der neuen Mainmühlen, Schulen u. s. w. wesentliche Dienste.

Sattler wurde im Jahre 1816 als Mitglied des landwirthschaftlichen Vereins zum königl. Handelscommissions-Assessor ernannt; einige Jahre darauf wurde sein Beirath von der königl. Regierung des Untermainkreises wegen der Versicherungs-Anstalten für Waaren, die auf dem Main versandt wurden, erbeten.

In das Jahr 1816 fiel manche vorsorgliche Thätigkeit für die Armen, denn auch in dem gesegneten Frankenlande ward die durch Krieg und Mißwachs herbeigeführte schwere Zeit schwer empfunden.

Im Jahr 1817 machte Sattler mit seiner Frau eine Rheinreise. Noch immer war die Zeit der Theuerung nicht vorüber; die Pferde erhielten so wenig Hafer, daß die Reisenden einmal mitten auf der Straße von Rastadt nach Carlsruhe lange halten mußten, weil die Miethpferde vor Hunger umzufallen drohten und gleichsam nur Haut und Knochen zeigten. Desto wohlgenährter sahen die Sattler'schen Pferde daheim aus, welche mit nicht völlig kunstgerecht gerathenem Sago gefüttert und zur Verwunderung aller Leute kugelrund und fett waren.

Im März des Jahres 1818 wurde von W. Sattler in

Schweinfurt ein neuer Hausbau begonnen, der sich im folgenden Jahre noch fortsetzte. Alte Leute, die damals als Gesellen mit am Bau arbeiteten, erinnern sich noch immer des fröhlichen Zimmerspruches, der vom Dachgiebel gehalten wurde, und wie lustig es damals hergegangen.

Während Ankauf, Ausbau und Einrichtung des Schlosses Mainberg, davon weiter unten ausführlich die Rede ist, vom Jahr 1821 bis 1826 und noch länger, dauernd und anhaltend volle Thatkraft in Anspruch nahm, gab es immer auch noch nach außenhin lebhaft zu thun, und kamen von außenher nicht minder angenehme Anregungen, denen Sattlers humaner Sinn sich nicht versagte.

W. Sattler, dessen Leben in reiner Humanität längst Wurzel geschlagen hatte, der frühzeitig sich jedem Kastengeist und jeder geistigen Bevormundung entzog, trat jetzt einem Männerbunde bei, der vorzugsweise religiöse Duldung und ächtes, wahres Menschenthum pflegt und zu pflegen lehrt. Er wurde am 31. Januar 1821, $36^{2}/_{3}$ Jahre alt, unter dem Meister vom Stuhl der Loge Zur vollkommenen Eintracht und Freundschaft in Kassel, Ludovici, zum Freimaurer-Lehrling aufgenommen und nach später empfangenem Gesellengrad erfolgte am 29. September desselben Jahres durch den nunmehrigen Meister vom Stuhl, Bruder Fiedler, die Aufnahme in den Meistergrad.

Gern und freudig half Sattler an dem Tempelbau der Freimaurerei und übte, wie später durch sein ganzes Leben, getreulich die Maurerpflichten, aber im Jahre 1824 schloß ein landesherrlicher Befehl alle Logen im Lande Hessen-Kassel.

Und da das Logenthum auch in Bayern von oben her mit mißfälligen Augen angesehen wurde, so zog W. Sattler es vor, in ein neues Verhältniß mit bayerischen Logen nicht zu treten. Er bewahrte sich in seinem sich selbst und Anderen stets getreuen

Bewußtsein ein ächtes, für die ganze Menschheit wohlwollend schlagendes Maurerherz.

Im Jahre 1823 wurde Sattler ordentliches Mitglied des polytechnischen Vereins zu München, im Jahre darauf empfing er nächst der Ehrenmitgliedschaft der polytechnischen Gesellschaft für Künste und Wissenschaften zu Würzburg die goldene erste Preismedaille Bayerns.

Eingeladen von des Finanzministers Grafen von Armansberg Excellenz, nahm Sattler 1826 an den Zoll-Conferenzen Theil, auch wurde er Mitglied des Vereins zur Beförderung des Gewerbfleißes in Preußen.

Das Jahr 1827 brachte mit einem höchst anerkennenden Rescript Sr. Maj. Königs Ludwig von Bayern „zum Zeichen allerhöchsten Wohlgefallens und der besonderen Zufriedenheit mit Sattlers industriösen Leistungen das goldene Civil-Verdienst-Ehrenzeichen."

König Ludwig schlug zwei Jahre später Höchstselbst W. Sattler zum Landrath vor, als welcher der letztere auch gewählt wurde, sowie nochmals im Jahre 1842, in welchem Jahre er ungemein thätig für den Bau von Landstraßen und Vicinalwegen war.

Es mehrten sich die Mitgliedschaften bei zahlreichen Vereinen. So trat W. Sattler 1833 als wirkliches Mitglied zu dem 1832 in Meiningen begründeten Hennebergischen alterthumforschenden Verein, mit dessen Gründer er sich bald und wie es seine Gewohnheit war, auf die Dauer befreundete. Den freundschaftlichen Verhältnissen Sattlers, die ungemein umfassend waren, muß auf späteren Bogen dieser Lebensschilderung einigermaßen Rechnung getragen werden.. In demselben Jahre wurde der gesuchte Mann, dessen Verbindung alle Welt wünschte, Mitglied des Kunstvereins in München und Mitglied des Scholarchats der Gewerbschule zu Schweinfurt. In letzterer Beziehung bot sich ihm volle Gelegenheit, Einfluß zu üben, und er ließ dieselbe nicht vorbeigehen.

Das Jahr 1836 brachte W. Sattler die goldene Medaille der Industrie-Ausstellung in München, und er wurde Mitglied des fränkischen Weinbauvereins. Als solches zeigte er sich thätig durch Anlegung einiger Weinberge, die er mit vorzüglichen Rebensorten bepflanzte. So mäßig W. Sattler auch in leiblichen Genüssen war und Völlerei und Trunkenheit verabscheute, diese auch bei seinen Untergebenen nie duldete, so trank er, bei Tische stets heiter, froh und gesprächig, gern ein Glas Wein und freute sich, lieben Gästen seine Schloß-Mainberger Auslese vorzusetzen. Im Jahre 1856 erhielten für Weine aus jener Lage seine Nachbarn, die Weinbergbesitzer Kleemann und Sohn, auf der Pariser Industrie-Ausstellung den ersten Preis.

Im Jahre 1840 verlieh König Ludwig von Bayern W. Sattler das Ritterkreuz des Verdienstordens vom heiligen Michael, als Lohn und Zeichen höchster Anerkennung treuer Anhänglichkeit an das bayerische Königshaus und Vaterland. Oft und gern unterhielt sich König Ludwig mit Sattler sowohl bei noch zu erwähnenden Anlässen in München oder im Bade Brückenau, wie auch bei einem Besuche, den der König auf Schloß Mainberg abstattete.

Alle hohen und höchsten Gunstbezeugungen nahm W. Sattler mit dankbarem Gefühle an, aber sie machten ihn, wie dieß bei Manchen der Fall ist, nicht eitel. Nur bei ganz festlichen Gelegenheiten, wo die schickliche Rücksicht für den hohen Geber es erheischte, trug er seine Orden, außerdem verschmähte er es stets, deren Bänder im Rockknopfloche zur Schau zu tragen. Den St. Michaelsorden trug er zum letzten Male am 12. Januar 1857 bei einem Feste, das Herrn Stadtcommissar und Landrichter Sotier in Schweinfurt zu Ehren gegeben wurde, als demselben von Sr. Maj. dem König Max der gleiche Orden verliehen wurde, wo außerdem beim Festmahl noch vier Ritter desselben hohen Ordens zugegen waren.

Im Jahr 1843 wurde W. Sattler Mitglied der bayerischen Handelskammer, die ihre Sitzungen in Würzburg hielt.

Zu den bedeutenden Männern der Wissenschaft, mit denen W. Sattler gern persönliche Bekanntschaft anknüpfte, gehörte auch der berühmte Reisende und Naturforscher Professor Dr. von Siebold, der über Japan (Nipon) treffliche Werke herausgab und Europa neue Pflanzen zuführte, von denen unter andern ein schönes Sedum — Sedum Sieboldi — bereits viele deutsche Gärten ziert. Dieser Gelehrte sandte Sattler 1844 das Mitgliedsdiplom der königl. Niederländischen Gesellschaft zur „Anmuthigung" des Gartenbaues.

Im Jahre 1845 wurde W. Sattler zugleich mit dem Professor an der landwirthschaftlichen und Gewerbschule, Heinrich Metz, zum Vorstand des Bezirkscomités des landwirthschaftlichen Vereins erwählt, empfing Diplome als ordentliches Mitglied des Vereins für Industrie und Cultur zu Nürnberg, wie des dortigen Gewerbvereins, indem er an der Industrie Nürnbergs lebhaften Antheil nahm, und namentlich vielfach mit seinem dort wohnenden Freunde J. J. Heller, Mechanikus und Vereinssecretair, verkehrte. Der Letztgenannte war einer der Ersten, der in Nürnberg die Erfindung Daguerre's einführte und für jene Incunabelzeit dieser schönen Kunst schon manches gelungene Daguerreotyp lieferte.

Im Jahre 1846 nahm die Zeit ein ernstes Antlitz an; der Ruf nach zweckmäßigen Reformen wurde überall laut; kein Wunder, daß der als ein Mann des Fortschrittes bekannte Sattler in den bayerischen Landtag gewählt wurde, und dort im Sinne seiner Wähler wirkte. Er wurde Ausschuß-Mitglied der Finanzcommission, und indem er als solches materielle Rechte vertrat und zu ordnen suchte, richtete er auch auf das Geistige sein Augenmerk und kämpfte lebhaft für die **Emancipation der Juden***).

W. **Sattler** verlangte in staatsbürgerlicher, wie in religiöser Beziehung **mehr als** die matte, sogenannte **Toleranz**, er verlangte **Gleichberechtigung** für **alle** Staatsbürger, daher verwarf er die Ideen von Ausnahmegesetzen unbedingt.

Eine der thatsächlich wichtigsten und mit Erfolg gekrönten Richtungen von **Sattlers** Wirken als Landstand war das für die **Eisenbahnführung über Schweinfurt**. Bei aller Vorliebe für Nürnberg und dessen blühende Industrie durchschaute **Sattler** doch das lebendige Bestreben, diese Stadt auf Kosten anderer Städte Bayerns zum Centralpunkt zu erheben und aus ihr das zu machen, was Mecheln für Belgien ist. An der Spitze der ausschließlich für Nürnberg gestimmten und stimmführenden Partei stand der sonst sehr ehrenwerthe dortige Bürgermeister **Bestelmeier**. Schweinfurt sollte keinen Schienenweg, keine Verbindung mit Bamberg und Würzburg, die doch so naturgemäß erscheinen mußte, bekommen, sondern es sollte von Nürnberg aus unmittelbar nach Würzburg gebaut werden. **Sattler** und mit ihm der Rechtsrath **Baulet** in Bamberg widersetzten sich mit allen Kräften den Nürnberger Eingaben über die Handelsverhältnisse an die Kammer, und der Abgeordnete W. **Sattler** wies in einem Separatvotum nach, daß in den Jahren 1841 bis 1844 die Zolleinnahme in Unterfranken mit Aschaffenburg, in welchem Kreise Schweinfurt liegt, 2,876,048 Gulden rhl. betragen habe, während in Mittelfranken, darin Nürnberg liegt, im gleichen Zeitraume nur 1,440,705 Gulden rhl. anfielen, sowie im Kreis Oberfranken, darin Bamberg, nur 1,213,767 Gulden rhl. Es bewege sich alljährlich zu Schweinfurt allein eine Gütermasse von **400,000 Centnern**.

---

*) Siehe **Landtagsverhandlungen 1846. 11. 58—63. Seite 256.**

Es wurde damals öffentlich gesagt: „Die Organe Nürnbergs haben im allzugroßen Eifer für das Interesse ihrer Stadt — das Vaterland vergessen."

In einer Kammer-Rede vom 4. Mai setzte Sattler klar auseinander, wie sich dem Staatsinteresse gegenüber der Bahnbau auf Staatskosten zu dem auf Actien verhalte, und daß er unter den obwaltenden Verhältnissen damaliger Zeit den ersteren für vortheilhafter halte. Seinem richtigen Einblick in die Sachlage und seinem Eifer gelang es, Schweinfurt seine Lebenspulsader des Verkehrs zu erringen, nachdem die Dampfschifffahrt auf dem Maine sich als völlig ungenügend gezeigt hatte. In einem Briefe an einen Freund schloß W. Sattler, indem er sich freudig über das Zustandekommen des bedeutenden Werkes äußerte, mit den Worten: „Schweinfurt kann, wenn es das Alte verläßt und nicht mit offenen Augen schläft, eine glückliche Stadt werden."

Er rechnete diesen Sieg zu den größten Erfolgen seines thätigen Lebens und hatte großes Wohlgefallen an der Bahn, die dicht unter Schloß Mainberg vorbeizieht. Fast jeden Zug beschaute er aus dem Fenster eines großen Thurmzimmers, seine lange Pfeife im Munde, und winkte mit dem Taschentuche hinunter, wenn er einen Bekannten im Zuge wußte, oder von diesem letztern aus hinauf zum Schloß gegrüßt wurde.

Auf dem Landtage von 1848/49 regte an und betrieb neben anderweitem Wirken auf dem staatsfinanziellen Gebiete — Sattler die Einführung der Postmarken (Freimarken auf Briefen), welche seitdem in ganz Deutschland Eingang gefunden haben.

Die Revolutionsjahre 1848 und 1849 brachten manche trübe Erregung, neben körperlichem Uebelbefinden auch geistige Schmerzen. Mancher liebe Freund fiel ab, in Folge politischer Meinungsverschiedenheiten. Sattler war aller Parteiung entgegen, zumal wenn aus ihr persönliche Abneigung und Feindschaft entstand. Er ehrte jede offen und ehrlich ausgesprochene Meinung und Ueberzeugung, huldigte der Freiheit unter dem Gesetz und war dabei übertriebener Reaction wie dem Pfaffenregimente entschieden abhold. Er zog sich von diesem Zeitpunkt an von aller öffentlichen Wirksamkeit zurück in ein schönes, keineswegs aber müssiges und unthätiges Privatleben.

Wieder den Blick auf frühere Lebensjahre W. Sattlers zurücklenkend, ist in diesem Lebensbilde dem Schlosse Mainberg eine vorzügliche Berücksichtigung zu widmen, denn es bildet dasselbe in Sattlers Leben, wie in dem seiner Familie einen reizvollen Mittel- und Ruhepunkt.

Schloß Mainberg erhebt sich auf einem etwas steilen, etwa 90 Fuß hohen Hügel unmittelbar über dem Dorfe gleichen Namens, eine Stunde von Schweinfurt, eine Viertelstunde von Schonungen entfernt. Dasselbe hat eine herrliche Lage am rechten Mainufer, ist weit sichtbar und hat eine reizende Aussicht. Man erblickt im Umkreis von 20 Stunden 2 Städte: Schweinfurt und Gerolzhofen, und an 50 Ortschaften.

Das Schloß war in den ältesten Zeiten wohl ein Besitzthum der Markgrafen von Schweinfurt, gelangte später an einige gräfliche Dynasten und an das Haus der Grafen von Henneberg, das von der Südgrenze Thüringens bis weit in das Frankenland reich begütert war. Mainberg bot sich oft zum Zankapfel in mittelalterlichen Fehden, wurde oft baulich verändert, auch erweitert, und diente zu Ende des 15. Jahrhunderts und zu Anfang des 16. der Fürstin Margaretha, Wittwe Fürst Wilhelms IV. (V.) von Henneberg-Schleusingen, geborener Prinzessin von Braunschweig, zum Wittwensitze, den sie neu aus- und aufbaute, mit Wappen zieren und darin zwei Schloßkapellen einrichten ließ. Im Bauernkriege litt Mainberg theilweise Zerstörung durch Feuer, daran Schweinfurt, von den

Bauern gezwungen, die Schuld trug und dafür bedeutend mit Geld gebüßt wurde.

Große Geldverlegenheiten und Schulden drängten den vorletzten und den letzten Fürsten von Henneberg, Wilhelm V. (VI.) und Georg, Vater und Sohn, dahin, im Jahre 1542 das Schloß mit dem beträchtlichen Amte Mainberg an das Hochstift Würzburg gegen Stadt und Amt Meiningen zu vertauschen, wobei 170,000 Gulden an baarem Gelde vom Bischof zu Würzburg an Fürst Wilhelm hinausgezahlt wurden.

Mehrmals besuchten die Fürstbischöfe Würzburgs ihr schönes, stattlich gelegenes Haus Mainberg, das nun als Jagdschloß diente, und Fürstbischof Philipp Adolf von Ehrenberg (1623—1631) ließ im Schloßhofe sogar einen neuen verzierten Brunnen bauen, der noch heute fließend vorhanden ist.

Auch der dreißigjährige Krieg schädigte Schloß Mainberg sehr beträchtlich, und das Amt hatte vieles Wehe zu ertragen. Dadurch wurde der Grund gelegt, daß im Laufe der Zeiten der herrliche Bau verödete und daß sein Verfall begann. Die Oberamtleute bezogen einen Neubau am Bergesfuße, nur die Amtskeller bewohnten es noch. Der französische Krieg zu Anfang des Jahrhunderts schädigte abermals, endlich, 1822 wohnte nur noch im Thorhause ein Rentamtsbote und im Schlosse selbst ein alter Oberlieutenant des vormaligen Landausschusses, Namens Fuß, mit einer Haushälterin. Er war eine ächte Figur der Zopfzeit und hinterließ, als er am 11. December 1811 starb, eine Zopf-Sammlung, die zwei Wände einer großen Stube bedeckte. Sie waren von lackirtem Leder und unten sah ein Haarschwänzchen hervor. So hingen sie noch im Jahre 1822 in einsamer Oede und lautloser Stille droben.

Von jetzt an wurde die Bewohnerschaft des Schlosses nur von Mardern und Füchsen, Eulen, Krähen und Dohlen gebildet, und das Schloß drohte völlig zur Ruine zu werden. Da war kein Fenster mehr vorhanden, die Thore waren eingerissen, Thüren und Steine davon geführt, ebenso alles Eisenwerk, alle Bleiröhren, die bleiernen Kehlen der Dachung. Decken und Gewölbe waren eingestürzt, und aus den Hügeln, die deren Schutt bildete, grünte Kraut und Gras und waren schon drei Stock hohe Bäume gewachsen. Die königliche Regierung bot das alte verfallende Schloß 1821 auf den Abbruch zum Verkauf, und es fand sich auch ein Käufer.

W. Sattler trug damals den Plan in sich herum, eine Tapetenfabrik anzulegen, die große Räume erfordert, welche sich in Schweinfurt nicht vorfanden, mindestens nicht billig. Er wendete sich daher an die königl. Regierung mit dem Gesuche, in den bereits abgeschlossenen Kauf einzutreten und zur Hebung der Landesindustrie im Schlosse eine Tapetenfabrik anzulegen. Die Regierung ging auf diesen Vorschlag ein und Sattler kaufte Mainberg wie es war, um 1800 Gulden rhl.

Aber da gab es nun viel zu thun, viel zu sorgen; die meisten Räume des Schlosses waren nur mit Lebensgefahr zu betreten. Die Zerstörer des Schlosses waren hauptsächlich Bauern gewesen, die gar zu gern aus dem Schlosse einen Steinbruch zur allmäligen Ausbeutung gemacht hätten.

Daß die nun rasch beginnende Wiederherstellung und neue Einrichtung eine kostspielige war, leuchtet ein. Es galt rege Arbeit, welche fortgeführt werden mußte, während manches Familien-Ereigniß theils erfreuend, theils betrübend den gewöhnlichen Gang der Häuslichkeit unterbrach.

Frau Catharina Sattler hatte ihrem Gatten bis zum Herbst des Jahres 1821 acht Kinder, vier lebende Söhne und vier Töchter geschenkt, von denen der erste Sohn im Jahre seiner Geburt, die älteste Tochter 1821 und die jüngste im Jahre 1822 starben. Der December dieses Jahres beglückte wieder mit einer Tochter. Aber auch die Mutter der Hausfrau wurde im Sommer

1822 durch einen Schlagfluß abgerufen, und die mannichfaltigen Gemüthsbewegungen ließen am Ende des Jahres die Wöchnerin in eine Krankheit fallen, welche sie zum erstenmale verhinderte, das Neugeborene selbst zu stillen.

Eine Haushälterin und Beihülfe zur Pflege der Kinder, Fräulein Luise Dingelbey, erleichterte der Hausfrau ihre vielfachen Geschäfte und blieb zehn Jahre, von 1819 bis 1829, im Hause, wo dann Fräulein Therese Lutz an ihre Stelle trat, die mit unerschütterlicher Liebe und Treue an der Familie hing und noch immer mit Geistesfrische das Hauswesen leiten hilft.

Die Einrichtung der Tapetenfabrik mußte zunächst im Auge behalten werden; als diese aber vollendet war, lenkte sich nun der Blick der neuen Eigenthümer Mainbergs der Geschichte ihres Schlosses beiderseits mit innigem Antheil zu, lebhaft erwachte der Sinn für das Alterthum und die Vergangenheit, und neben dem rührigen Gewerbfleiß in Mainbergs Sälen und Hallen trieben im Laufe der Jahre auch Kunstsinn und Kunstfleiß ihre schönen, herzerfreuenden Blüthen.

Da Sattler wegen der vielfachen geschäftlichen Inanspruchnahme in Schweinfurt nicht selbst auf Schloß Mainberg wohnen konnte, so setzte er an die Spitze des neuen Geschäftes einen Leiter in der Person des Herrn Johann Ernst Krieghoff, geboren am 30. April 1786 in Molsdorf bei Erfurt, der bereits in Amsterdam und in Düsseldorf gleichen Geschäften vorgestanden hatte, und nun mit seiner Familie nach Mainberg übersiedelte. Frau Krieghoff war eine geborene Holländerin und auch die Kinder sprachen wenig deutsch. Auch einen Formschneider, Jan Steenweg nebst Frau, brachten Krieghoffs mit, ebenfalls ein holländisches Ehepaar, das in Mainberg seine goldene Hochzeit feierte und dann noch lange dort lebte.

Anfangs mußte man mit fremden Druckern arbeiten, bald aber fanden sich Bewohner und Bewohnerinnen der nächstgelegenen

Dörfer Mainberg und Hausen, die sich leicht in das leichte Geschäft einübten.

Hier war nun der Ort, wo die in der Jugend der Frau C. Sattler geübte Kunstfertigkeit im Zeichnen und in der Farbengebung, verbunden mit gutem Geschmack und reiner Phantasie, ihren nutzenbringenden Boden fand, denn sie erfand und entwarf für die Fabrik fast alle neuen Musterzeichnungen und gab diesen die nöthige Belebung durch entsprechende und harmonische Farben, wie durch künstlerisch durchdachte Vertheilung von Lichtern und Schatten in jeder nöthigen Abstufung. Ohne ihren geistigen Trieb, Schönes zu schaffen, würde die neue Tapetenfabrik sicherlich nicht so rasch haben emporblühen können, und doch litt bei dieser künstlerischen Thätigkeit die Führung ihres Hauswesens keine Beeinträchtigung. Oft waren 20 Personen am Tische, denn es war die patriarchalische, noch stets fortgepflegte Sitte im Sattler'schen Hause eingeführt, daß alle Gehülfen und Lehrlinge mit der Familie des Prinzipals an einem Tische speisten. Dieß wob ein Familienband und wirkte höchst vortheilhaft auf den Charakter der jungen Männer, die hier ihrer geschäftlichen Ausbildung zustrebten.

Nach einiger Zeit erhielt Frau Sattler eine Beihülfe durch den Maler Nolden aus Würzburg, der am jetzigen Kunstmaler Herrn Christoph Stößel aus Schweinfurt einen Gehülfen hatte. Später wurde diese Hülfe durch Herrn Professor Kornacher ersetzt, bis die bleibende persönliche Anwesenheit des Sattler'schen Ehepaares auf seinem Schlosse Mainberg fremde Beihülfe auf diesem künstlerischen Gebiete ganz entbehrlich machte.

Gleichzeitig mit Krieghoff war auch Georg Gerlach auf Mainberg thätig und bereitete daselbst verschiedene Farben, Lacke u. dergl.; da er aber am 10. August 1842 starb, so

wurde dieser Fabrikzweig von Mainberg weg und nach **Schonungen** verlegt.

In Mainberg wurde fleißig fortgebaut. Im Jahr 1823 war der Mainflügel des Schlosses bereits wieder bewohnbar; in dem am wenigsten zerstörten nördlichen Flügel konnte die Tapetenfabrikation beginnen; der Bau der Terrasse wurde ebenfalls angefangen.

Während Frau **Sattler** auf Schloß Mainberg mit sinnigem Fleiße bemüht war, die Schloßkapelle nach altdeutscher Art wieder herzustellen und sie mit entsprechenden Glasmalereien, altem Geräth und Bildwerk reich auszuschmücken, überhaupt nach und nach eine Sammlung von geschichtlichen, alterthümlichen und künstlerischen Gegenständen anzulegen, die sich damals nach Aufhebung der Klöster in Franken häufig und billig zum Ankaufe boten, wurde auch die Umgebung des Schlosses immer freundlicher gestaltet.

Schon vor dem Ankaufe Mainbergs, 1819, wollten die Schweinfurter Kaufleute Fr. W. **Wolff** und **Heinrich Lebkühner** eine Papierfabrik anlegen, zu der sie die Storchsmühle bei Kronungen im Landgericht Werneck von **Kilian Göbel** erkauften; allein die königl. Regierung verweigerte die Erlaubniß zur Umwandlung einer Mahlmühle in eine Papiermühle, worauf jene den Kauf ungültig machten. Nun kaufte W. **Sattler** diese Mühle, um sie ferner als Mehlmühle und zum Mahlen seiner Kartoffelstärke zu benutzen.

Mittlerweile wurde in Schonungen behufs der Erweiterung der dortigen Fabrik abermals eine Mühle, die **Spitzmühle**, von **Michael Philippi** im Jahre 1826 käuflich erworben und in derselben ebenfalls Farbenfabrikation betrieben.

In demselben Jahre gründete W. **Sattler** mit **Georg Engelhardt** aus Kassel und **Christian Wüstenfeld** aus Münden in Schweinfurt eine **Zuckerfabrik**. Der Letztere betheiligte sich an der Leitung derselben nicht in Person, sondern sandte seinen Sohn Adolph Wüstenfeld, der mit Engelhardt der besonderen Geschäftsführung sich unterzog.

Wüstenfeld zog einen bewährten und erfahrenen Zuckerfabrikanten aus Hamburg als Techniker bei, des Namens Heinrich Blecken (geb. 11. Juli 1794), welcher nach Engelhardts im Jahre 1855 erfolgten Tode Theilnehmer am Geschäft wurde, doch blieb der Firma-Name Sattler, Engelhardt und Comp. bis zum heutigen Tage beibehalten.

Für Engelhardts Wittwe besorgte deren Bruder Friedrich Georg Pollich die Geschäfte, bis sie sich im Jahre 1839 mit dem Freiherrn Adolph von der Tann (geb. 24. Juni 1807) verheirathete, der nun mit Blecken, Jens und Wilhelm Sattler jun. zur Zeit noch diesem Geschäfte vorsteht.

Zur Zeit der Gründung der Zuckerfabrik bestanden noch die Zollgrenzen innerhalb der deutschen Staaten; die Zölle wurden mit jeder neuen Etatsperiode erhöht, so daß die Steuer für den Sattler'schen Sago auf das Doppelte anwuchs. Dieß veranlaßte ihn, auf seine Erfindung ein Patent für die Dauer von zehn Jahren im Königreich Preußen zu nehmen und in Langensalza Bürger zu werden.

In dieser Stadt wurde mit zwei alten Handelsfreunden Winkel und Weykert eine Fabrik unter der Firma Sattler und Comp. begründet. Auch dort wurde eine Mühle gekauft und der Fabrikverwalter Bauer nach Langensalza entsendet, sie nach dem Muster der Schonunger Fabrikmühle einzurichten.

Von den Theilhabern starb Winkel im Jahre 1832 und Weykert am 11. September 1857. Dermalen betreiben Weykerts und Sattlers Söhne dieses Etablissement lebhaft fort. So mußte selbst, was Anfangs drückend schien, die hohe Zollsteuer, beitragen, die inländische Industrie zu heben und zu fördern.

Auf Schloß Mainberg wurde im Jahre 1827 das alte

Kalterhaus, welches die Außsicht beeinträchtigte, abgebrochen und an dessen Stelle der Bau eines neuen, ganz massiven Wohnhauses begonnen.

Am 22. August des Jahres 1822 wurde Schweinfurt zum erstenmale durch den Besuch Sr. Maj. König Ludwigs von Bayern beglückt. Allerhöchstderselbe kam vom Bade Brückenau, empfing die Ehrenbezeigungen des Magistrates und der Behörden, besuchte die Fabriken zu Schweinfurt, Schonungen und dann das Schloß Mainberg, dessen Bau und Einrichtungen der König mit Wohlgefallen in Augenschein nahm.

Die ganze Einrichtung des eigentlichen Schlosses ist, so weit es nicht den Geschäftsräumen dient, im Geist und Geschmacke des Mittelalters. Seine Geschichte hatte in den jetzigen Eigenthümern lebhafte Vorliebe für das fürstliche Geschlecht der früheren Besitzer geweckt, und diese Vorliebe blieb wohl nicht ohne Einfluß darauf, daß ein zweites Hennebergisches Grafenschloß, Aschach bei Kissingen, einst die Residenz der Henneberg-Aschacher Grafenlinie, von W. Sattler käuflich erworben und in demselben, das besser wie Mainberg erhalten geblieben war, eine noch blühende Steingutfabrik eingerichtet wurde.

Schloß Aschach gelangte von den Hennebergern in den Besitz der Bischöfe von Würzburg, welche aber zum öftern die Grafen von Aschach, die später in Römhild residirten, mit Aschach belehnten. Im Jahre 1525 wurde auch dieses Schloß von den aufrührerischen Bauern erstürmt und verwüstet, doch nicht verbrannt.

Dasselbe bedeckt einen noch größeren Flächenraum wie Mainberg, liegt für ein Fabrikgeschäft bequem, da die Anhöhe über dem Fluß nur 40 Fuß beträgt, und hatte dicht am Fuße derselben eine Mühle, welche dem vormaligen Besitzer Joseph Schmitt abgekauft wurde, um sie für die Fabrik zu benutzen.

Noch eine Mühle wurde zur Vergrößerung des Schonunger Geschäfts im Jahre 1839 von Jeremias Lindner erkauft, sowie nicht unbedeutende Grundstücke auf dem Kaltenhof, einem über Schloß Mainberg gelegenen Oekonomiegute.

Ueber dieses letztere Schloß ließ W. Sattler im März 1836 eine von ihm selbst verfaßte Schrift: „Das alte Schloß Mainberg bei Schweinfurt und seine Bewohner," erscheinen, in welcher er dessen Geschichte nach guten Quellen bearbeitet, klar und einfach erzählte, und des Verfassers Gattin schmückte das kleine Werk mit anziehenden Abbildungen von ihrer Hand, namentlich mit einer Ansicht des Schlosses von der Westseite, mit einem Grundplan desselben, mit alten Wappenbildern, einer Reihe von Grafen und Gräfinnen von Henneberg in dalmatischer Hoftracht, einer späteren Abschrift des Monachus Vesraënsis entnommen, und dem Bilde des oben erwähnten Lieutenant Fuß und dessen bäuerlicher Haushälterin.

Da das Buch durch Vertheilung an Freunde und Besuchende sich vergriff, so wurde es erweitert, im Jahre 1854 neu aufgelegt und mit einem sehr gelungenen Stahlstich von Friedrich Geißler in Nürnberg, gezeichnet von Kornacher in Schweinfurt, ausgestattet; doch fehlen der neuen Ausgabe die Grafenbilder. Auf dem Titelbilde steht der stattliche Bau in seiner ganzen Schönheit vor Augen mit seinen drei hohen Giebeldächern, dem diese überragenden Thurme, den Terrassen, dem neuen Hause, der Trinkhalle u. s. w. Am Bergesfuße wird ein Theil des Dorfes Mainberg mit seiner 1486 von der Fürstin Margaretha von Henneberg erbauten Kirche erblickt, der Main, die Fahrstraße, die Eisenbahn.

Seite 50 des Buches ist zu lesen:

„Im Jahr 1844 zog nun Wilhelm Sattler sen., in seinen alten Tagen größere Ruhe suchend, mit seiner Frau und einigen Kindern auf das Schloß, um endlich selbst der gesunden Luft und herrlichen Gegend sich erfreuen zu können; beide Eheleute konnten nun ihrem Lieblingsvergnügen mehr Zeit widmen, und da sie in ihrem neugebauten Wohnhaus sich bequem eingerichtet hatten, so verschönten sich nach und nach die Innen- und Außenräume des Schlosses Mainberg mehr und mehr."

So findet denn der Besucher nebst schönen, mit drei Springbrunnen und Statuen verzierten, reich mit Weinstöcken, feinsten Obstbäumen und Blumen ausgestatteten Ziergärten und der reizendsten Aussicht vom Altan und den Terrassen — überraschende Sammlungen. Eine Rüstkammer mit Harnischen, Waffen, Feldschlangen u. s. w., Glasmalereien aus jeder Periode dieser Kunst, eine ausgezeichnet reichhaltige Sammlung alter Trinkgefäße, Krüge, Humpen und Pokale; eine Sammlung alter eingelegter Gewehre, eine Bildersammlung mit mehreren Gemälden der altdeutschen Schule, eine reichhaltige Bibliothek mit alten Urkunden, Handschriften, Chroniken, Holzschnittwerken u. s. w.; dann mehrere im Renaissance-Styl von Frau C. Sattler eingerichtete Zimmer mit mannichfaltigem Ausschmuck von Bildern, Geräthen, Truhen u. dgl., mit einem Wort, ein Museum zahlloser Sehenswürdigkeiten.

Im oberen Stock befinden sich Wohnungen und die Räumlichkeiten der Tapetenfabrik.

Das Schloß enthält 4 Säle, 19 Stuben, 17 Kammern, 3 Küchen, 9 Vorplätze und 2 Kapellen; in den unteren Räumen mehrere Gewölbe und 5 Keller, und zwar letztere von solchem Umfange, daß sie wohl an 800 Fuder Wein fassen. Im geräumigsten derselben liegen Fässer von enormer Größe, die bis zu 36 Fuder Inhalt in sich aufnehmen könnten, und früher aufnahmen.

Wilhelm Sattler hatte während seines thätigen Lebens auch manche bedeutende Reise, meist in Begleitung seiner Frau, wie von Kindern und Freunden, und zwar nach England, Frankreich, Italien und Rußland gemacht; nun aber, in seinen späteren Lebensjahren, wurde alljährlich eine Zeit lang der Schweinfurt nahe Badeort Kissingen sein und der Seinigen Lieblingsaufenthalt. Er baute sich dort ein recht wohnliches Haus, das er anständig ausstattete, legte hinter demselben einen hübschen Garten an und verkehrte auf das Gemüthlichste nach alter Gewohnheit auch dort mit seinen zahlreichen Freunden. Sattler hat wohl fünfzig Jahre lang fast jeden Sommer Kissingen besucht und sich gefreut über das immer mehr zur Blüthe kommende Gedeihen dieses europäisch berühmten Badeortes, an dem er selbst einen nicht geringen Antheil hatte.

Die letzte weitere Reise Sattlers war nach Frankfurt a. M. im Jahre 1858 zu einer Versammlung von Tapetenfabrikanten, welche er als Alterspräsident leitete und auch zum erwünschten Ziele angestrebter Einigkeit und Vereinbarung führte.

Wenn auch oben hie und da einige Andeutungen in Bezug auf W. Sattlers Freundeskreis, sein häusliches Leben, seinen Humor, seine Studien u. dgl. gegeben wurden, so erschöpfen diese bei Weitem nicht, was darüber zu sagen und nun ausführlicher nachzuholen ist.

Der ihm am nächsten stehenden Freunde zuvörderst zu gedenken, so war der mehrerwähnte Ruß lange Jahre einer der bewährtesten, wie der liebsten. Er blieb unverheirathet und bis zu seinem Lebensende stets an Sattlers Tische, stets ihm gegenüber. Ihm reihten sich nach hergebrachter Ordnung dem Alter nach die Commis an, während an der andern Seite die Hausfrau, deren Mutter, die Haushälterin und die Kinder saßen. Häufig vermehrten Gäste die Anzahl der Tischgenossen, doch blieb immer ein Gedecke frei und unbesetzt, auch wenn keine Gäste da waren.

Mit dem Glockenschlage 12 ging es, geschäftlicher Ordnung halber, der sich auch die Gäste fügen mußten, zu Tische. Wer zu rechter Zeit nicht da war, auf den wurde nicht gewartet.

Bei Tische war immer eine allgemeine lebhafte Unterhaltung über Zeitereignisse, naturwissenschaftliche Gegenstände, neue Entdeckungen und Erfindungen u. s. w., was den jungen Leuten zu großem Gewinn gereichte, indem dadurch fortwährend ihr Ideenfreis erweitert wurde, und diese Einrichtung, daß die Comptoiristen im Sattler'schen Hause wohnen und essen, findet noch fortwährend in demselben statt.

Ruß war äußerst pünktlich, wo es nöthig war, selbst streng, aber vom Charakter gut und edel. Er nahm sich des Geschäftes auf das Lebhafteste an, besorgte neben der Sago- und Farbenfabrikation auch die Verpackung und Versendung der Waaren, und litt darin nicht die mindeste Nachlässigkeit. Nie verließ er das Haus vor dem Schlage der Feierstunde, daher sahen sich die Gehülfen beständig überwacht, und das Geschäft blieb nie unbeaufsichtigt. Dann aber ging Freund Ruß gern spatzieren, besuchte alle schönen Punkte um Schweinfurt, ließ an mehreren derselben Steinbänke errichten und fand sein Glück und seinen Gott in der Natur. Eine schöne wissenschaftliche Bibliothek, die er sich nach und nach angesammelt, vererbte er auf W. Sattlers zweiten Sohn, seinen Pathen. Die Stadt hatte Ruß das Ehrenbürgerrecht zugetheilt, und er hinterließ der dortigen Gewerbschule ein nicht unbedeutendes Vermächtniß, das den Namen „Ruß'sche Stiftung" führt.

Mit dem Jahre 1843 schloß sich Ruß's thätiges Leben ab, und er hat es gar wohl verdient, daß sein Andenken geschätzt und geehrt in der Sattler'schen Familie fortlebt. Sein Grabdenkmal steht jetzt neben dem Grabe seines 16 Jahre später verewigten Freundes.

Ein anderer Freund und Geschäftstheilnehmer, der ebenfalls bereits erwähnte Christian Voit, trennte sich nach mehreren Jahren vom Sattler'schen Geschäft und legte in Huttwigs Thurm eine Schrotfabrik an. Später wurde er Major der Schweinfurter Landwehr und Obristlieutenant und hatte als solcher seinen Jugendfreund Sattler zu commandiren, was wohl manchen heitern Scherz veranlaßt haben mag. Christians Bruder, Friedrich Voit, der gleich ihm die Orgelbaukunst erlernt hatte, war dieser Kunst treu geblieben und hat, eingehend auf eine Idee des Rentamtmanns **Eschenbach** in Königshofen, das Aeolodikon erfunden.

Nochmals verdienen aus W. **Sattlers** engerem Freundeskreise die Namen **Andreas Bauer** und **Carl Friedrich Düsenberg** genannt zu werden. Ersterer, früher Müller, dann W. **Sattlers** erster Chemiker, bildete sich durch dessen Unterweisung und durch Selbststudium so aus, daß später kein Anderer mehr im Stande war, mit so wenigen Mitteln und so wenigen Leuten so viele Farben und Sago zu bereiten, wie eben er, nächstdem daß er als Mechaniker und Mühlenbauer sich die größten Verdienste erwarb.

Der jetzige Herr Stadtkämmerer Düsenberg war in den obengenannten Eigenschaften einer der treuanhänglichsten Freunde des **Sattler**'schen Hauses und ist dieß immerdar geblieben. Poetisch begabt, in der Geschichte bewandert, hat er oft in der Familie und im Freundeskreise die Stimmung gehoben und in eine höhere Auffassung des Lebens versetzt. So feierte er die goldene Hochzeit des W. **Sattler**'schen Ehepaares durch ein gelungenes Sonett, so schilderte er nach W. **Sattlers** Ableben in einem kurzen, aber gediegenen Nekrolog dessen Leben und Wirken anziehend und ergreifend, so daß durch letztern der Gedanke zu dieser ausführlichern Biographie hervorgerufen wurde[*]. Stets wird ihm die Familie dankbar verbunden bleiben und die Eigenschaften seines allgemein anerkannten, gediegenen Charakters verehren.

Noch verkehrte W. **Sattler** äußerst gern mit der Familie des Buchhändlers **Georg Andreas Fischer**. Dieser und Sattler besuchten sich Jahre lang gegenseitig, tauschten Ideen aus und übten die nach einander auftauchenden neuen Erfindungen,

---

[*] Siehe Schweinfurter Tageblatt Nr. 143. 18. Juni 1859.

wie die des Kaleidoskops, des Moirirens auf Blech mittelst Erhitzen und Aetzen durch verdünnte Salzsäure, chinesischer Grillenspiele, neuer Feuerzeuge und Streichhölzchen. Als Verfertiger äußerst gelungener Kaleidoskope that sich auch Krieghoff auf Mainberg hervor.

Oft und gern war Sattler in heiterer Gesellschaft, selbst heiter belebend durch tausenderlei Späße, Neckereien und Anekdoten. Er besaß einen großen Garten am Main, in dem fast jeden Abend, wenn es die Witterung erlaubte, mit dem Comptoir-Personal und oft auch mit Gästen das Abendbrod verzehrt wurde.

Zu mancherlei Scherzen und Anekdoten gab ein unmittelbarer Nachbar des Sattler'schen Hauses Anlaß, ein Original, wie man wohl kaum noch eines findet, der Bücher- und Bilder-Antiquar Martin Schmidt (gest. 25. Juni 1842). Dieser schänkte nebenbei Wein und besaß eine Kegelbahn in seinem Hausgarten, in dem sich eine Gesellschaft bildete, an der auch W. Sattler mit seiner Frau häufig Theil nahm.

Die Lebensweise des Herrn Schmidt, mit charakteristischen Zügen gewürzt, gäbe ein sehr humoristisches Buch; es war sogar Sattlers Wunsch, daß ein solches geschrieben werde, und er zeichnete dazu vieles brauchbare Material für einen schriftstellernden Freund auf, der es noch bewahrt. Schmidt war mehr als Händler, er war Liebhaber; wenn er heute eine alte Schartefe verkaufte, so reute es ihn am andern Tage, oder wenn er merkte, daß Jemand etwas kaufen wollte, so blieb er nicht bei seiner ersten Forderung, sondern steigerte dieselbe ganz naiv, und schwur, er habe sich versprochen.

Höchst ergötzlich war es, W. Sattler von seinem Herrn Nachbar erzählen zu hören, und nicht minder ergötzlich, die Schmidt'sche höchst kynische Einrichtung zu sehen. In der Westentasche trug er an dicker Eisenkette eine Chaisenuhr, in einem Ritterhelm befand sich das Vogelfutter; ein Theil der Bücher stand im Hofe in einer Art Koben und lag an Ketten; es waren hochseltene und kostbare Folianten. Doch der Raum und andere Rücksichten verbieten, mehr zu sagen. Nach Schmidts Tode erwarb Sattler dessen an das seine anstoßende Haus sammt dem Garten*).

Scherzlust, Neckelust und unerschöpflicher Humor, in tausendfältiger Weise dargelegt und zu Tage tretend, waren W. Sattler in so hohem Grade eigen, daß sie ihn zum liebenswürdigsten Gesellschafter machten, und wenn er sich in diesen lebensfrohen und lebensfrischen Gemüthsergießungen gehen ließ, konnte Niemand in ihm den fleißigen Arbeiter, den unermüdlichen Geschäftsmann, den praktischen Erfinder und den wissenschaftlich hochstrebenden Denker ahnen, der er doch war. Hundert Anekdoten von ihm ließen sich erzählen, wenn nicht Rücksichten geböten, sie zu verschweigen.

Sattler liebte, wie jeder thätige Mann, zeitiges Aufstehen vom Nachtlager; nicht selten hörten ihn seine Gäste vor der Thüre ihres Schlafzimmers, wenn sie nicht zu seiner Kaffeestunde sichtbar wurden, was er sehr liebte, scherzhaft rufen: „Herr N. N., befehlen Sie vielleicht geweckt zu werden?" — Weil er Alles zu rechter Zeit that, so hatte er immer Zeit. Er konnte sich Stunden lang besuchenden Freunden widmen, aber ebenso leicht überließ er diese, wenn ihm ihre Unterhaltung nicht anregend genug war, der Hausfrau und den anwesenden Kindern und entschlüpfte, um Nöthigeres vorzunehmen. Er schrieb im Laufe eines Jahres Tausende von Briefen, und manche nicht kurz, sondern ausführlich, Ansichten

---

*) In der Druckschrift: „Liederbuch der Clara Häßlerin c.", herausgegeben von Dr. Carl Haltaus, Quedlinburg und Leipzig, G. Basse 1840, ist in der Vorrede S. XXXVIII eine sehr hübsche Anekdote von diesem, dort jedoch nicht genannten Antiquar erzählt, wie derselbe in oben angedeuteter Weise gegen einen Alterthumsfreund verfuhr, als dieser ihm eine Handschrift des angedeuteten Liederbuches abkaufte. Nur durch W. Sattlers Hülfe wurde es möglich, diesen Kauf abzuschließen.

entwickelnd, Zeitfragen erörternd, Rathschläge ertheilend, aber auch
nicht selten in heiteren und scherzhaften Mittheilungen sich ergehend.
Keine Anfrage blieb unbeantwortet, kein Vorhaben unerledigt;
was nicht alsbald von ihm besorgt werden konnte, notirte er, und
man konnte versichert sein, daß er auch das Geringfügigste nicht
außer Acht ließ. Jedes seiner zahlreichen Bücher fand er auf der
Stelle, ebenso das kleinste Werkzeug. Eine Menge Werkzeuge
machte er sich selbst, erfand auch neue und beschäftigte sich sehr gern
an der Drehbank.

Auch nachdem Sattler sich nach Mainberg zurückgezogen,
behielt er doch seine weitverzweigten Geschäfte, denen zum Theil jetzt
mehrere seiner Söhne vorstanden, als Haupt des Hauses im Auge
und wußte stets, wie es in jedem einzelnen derselben ging und
stand. Die psychische Kraft Sattlers war außerordentlich
thätig. Nichts entging ihm, nichts vergaß er. Hatte er ja einmal,
was ihm selten begegnete, etwas verlegt oder verloren, so sagte er:
„Laßt mich nur darüber schlafen." Am andern Morgen fand er
sicher das Vermißte.

Bereits wurde oben ein Traum aus Sattlers Jugendzeit
erzählt, der auf dieß Geäußerte Bezug hat. Ein zweiter ähnlicher
Traum finde hier seine Stelle. Sattler hatte seinen Haupt-
schlüssel verlegt und konnte ihn nicht wiederfinden. Im Traume
sah er den Schlüssel auf einem hohen Schranke im Hausehrn liegen. Am Morgen sah er mittelst einer Leiter nach, und der
Schlüssel lag wirklich auf dem Schranke. Jetzt erinnerte er sich,
Tags zuvor mit der Leiter in einem hochangebrachten Wandschranke
etwas gesucht und dabei wahrscheinlich den Schlüssel auf jenem
Schranke liegen gelassen zu haben, dessen Bild, ohne ihm sogleich
klar zu werden, durch die Seh- und Gehirnnerventhätigkeit ihm
erst Nachts im Traume zur Erscheinung kam. So erklärte er
diesen Traum, wie er überhaupt es liebte, über alle Erscheinungen
in der geistigen, wie in der körperlichen Welt sich immer völlig klar

zu werden. Allem Unbestimmten, Schwankenden und Unbeständigen war er abhold, weil das praktische Leben ihn geschult. Er war kein Gelehrter und konnte keiner sein, er war auch kein Philosoph im Sinne der Schule, aber er war ein mit scharfem Verstande und sicherer Beobachtungsgabe ausgestatteter Denker, der das Wahre vom Falschen sonderte und seine eigenen Ueberzeugungen in sich befestigte, der sich über Alles völlig klar zu werden sich unablässig bemühte, und auf den Grund eigener Forschungen hin, nicht auf Autoritäten sich stützend, seine Lebensansichten sich bildete. Zur Höhe übersinnlicher Speculation aufzustreben, war ihm in der ersten größeren Hälfte seines Lebens durch das Geschäft, das seine ganze und volle Thätigkeit in Anspruch nahm, nicht vergönnt, aber er erweiterte später die durch eigenes Nachdenken gewonnenen Lebensansichten und Ueberzeugungen durch die Lektüre der gediegensten Werke über Chemie, praktische Mechanik, Technologie u. s. w., von denen er nach und nach eine schätzbare Sammlung anlegte. Doch gesellten sich allmällg auch Reisebeschreibungen, Romane, Poesien und Schriften über Literatur, Kunst, Geschichte und Alterthum hinzu, welche seine Frau mit benutzte. Lebhaft angezogen fühlte sich Sattler durch die Journalistik und er nahm auch noch im vorgerückten Lebensalter den regsten Antheil an den politischen und religiösen Bestrebungen der letzten Jahrzehnte. So erhob er sich auf den Höhepunkt seiner Zeit, ein Mann der selbstbewußten That, wie der werkthätigen Menschenliebe.

Seine humanen Grundsätze bewies Sattler durch die That. Nach dem unglücklichen Brande, der am 26. September 1853 den Ort Schonungen binnen 2 Stunden bis auf 4 Häuser in Asche legte (es brannten Kirche, Schulen, Pfarr- und Rathhaus, 5 Gasthäuser, 1 Brauerei und 120 Wohnhäuser nebst eben so vielen Scheunen und Stallungen nieder), gab Sattler dem katholischen Geistlichen, Herrn Pfarrer Balling, Wohnung auf Schloß Mainberg, bis das Pfarrhaus wieder aufgebaut war und bezogen werden konnte; ebenso nahm er viele andere christliche wie jüdische Dorfbewohner nach diesem Unglück in seinen Wohnungen auf, so viel nur der Raum vergönnte, und sie hausten einträchtig beisammen, da das Unglück confessionellen Unterschied verschwinden macht.

Bei jenem entsetzlichen Brande fingen die $1/8$ Stunde hinter dem Orte liegenden S a t t l e r'schen Fabriken wohl an 20 Stellen Feuer, und es bedurfte der äußersten Anstrengung, die drohende Gefahr abzuwehren.

Als nach manchem Lebenssturme wieder Ruhe eingetreten war, zog es S a t t l e r mächtig und mehr und mehr nach dem höheren Geistesleben, das in der Natur und aus ihrer Durchforschung quillt. Ihr, der alma mater, von den Jünglingsjahren her befreundet, ihre geheimen Kräfte als Chemiker längst kennend, ward es nicht schwer, den Weg vom Mikrokosmos zum Makrokosmos zu finden, zumal es nicht an Leitsternen auf diesem Wege fehlte. Einen Ueberblick gewinnend über das ganze Weltall, so weit es menschlicher Einsicht möglich ist, erstrebte S a t t l e r für seinen Geist mehr als ein oberflächliches Wissen, vielmehr drang er in manche, vielen Augen noch verschlossene Tiefen ein. Die besten Mikroskope, die besten Fernröhre standen ihm zu Gebote, und lebhafter Briefwechsel mit kundigen Freunden bot anziehenden Gedankenaustausch, willkommene Belehrung, hohe Geistesfreude.

Mit größtem Seelenantheil durchlas S a t t l e r nun die Werke Alexanders von Humboldt, Voigts, Liebigs, Büchners, Moleschotts u. A., und namentlich sprach der letztere Naturforscher ihn so lebendig an, daß er mit diesem Gelehrten in Briefwechsel trat, wodurch seinem Geist eine neue Jugend erblühte und sein Herz noch in seinen alten Tagen wieder jugendlich erwärmt ward. Eine Reihe von eigenen Ausarbeitungen, die W. S a t t l e r seinem ältesten Sohne J e n s zueignete, geben Zeugniß von den Erhebungen seines Geistes, und wie der Geist des fortschreitenden

Jahrhunderts ihn durchdrungen und belebt hat, doch sollen diese Ausarbeitungen vorläufig noch ungedruckt bleiben.

So erreichte W. Sattler im Jahre 1858 sein 74stes Lebensjahr mit der Aussicht, im Jahre 1859 seine goldene Jubelhochzeit zu feiern, da er sich am 14. Februar 1809 verheirathet hatte; Sattler hegte aber den Wunsch, nicht den Schluß, sondern den Beginn seines Jubeljahres zu feiern. Vielleicht fürchtete er, das Ende des Jubeljahres nicht zu erleben, und so wurde die Feier im Hinblick darauf, daß nun nicht blos eine Jubeltages-, sondern eine Jubeljahresfeier beginne, der 14. Februar 1858, der noch dazu auf einen Sonntag fiel, an welchem ohnehin die Mehrzahl der Angehörigen der Sattler'schen Familie bei den Aeltern und Großältern sich einzufinden pflegte, zum festlichen Tage bestimmt, doch sollte derselbe nicht geräuschvoll begangen werden, sondern das Jubelpaar wollte ihn sinnig und innig hauptsächlich im Kreise seiner Kinder und Enkel feiern.

Bereits am Vorabende des festlichen Tages brachte der Schweinfurter Liederkranz eine Serenade.

Für dieses so seltene Familienfest wurde manche sinnreiche Gabe, an vergangene Zeiten erinnernd, dargebracht, so die Photographie des Hauses am Markt in Kassel, darin W. Sattler, und des in der Wolfsgasse in Schweinfurt, darin Catharina Geiger geboren wurde. Das Comptoirpersonale überbrachte das erste Blatt des Hauptbuches von 1808 von Sattler eingetragen und ein Blatt aus dem Copirbuche von Frau Catharina Sattler geschrieben, die es Anfangs führte.

Der Verfasser dieser Schrift, seit dem Jahr 1833 dem Sattler'schen Hause innig befreundet und mit demselben in ununterbrochener Verbindung, sandte das nachstehende Gedicht, das dem Jubelpaare am Festtagmorgen überreicht wurde.

Zum 14. Februar 1858.

Motto: Zum Sorgen und zum Lieben
Soll'n fest zusammen stehn,
Die ein und aus selbander
Durch eine Pforte gehn.
(Denkspruch auf Schloß Mainberg.)

Heil dem Tage, dessen Morgenglühen
Heut Ihr grüßt voll Ernst und doch erfreut!
Hinter Euch liegt Ringen, Sorgen, Mühen,
Aber ächte Liebe blieb, und beut
Euch den gold'nen Kranz mit treuem Worte:
Seid gesegnet an der Jahres-Pforte,
Die sich heut Euch öffnet — die sich schließt,
Wann des Jubeltages Blume sprießt.

Fünfzig Jahre sind dahin geflogen,
Seit bei Euch sich Herz zum Herzen fand;
Gegenseitig innig angezogen,
Knüpftet Ihr der Liebe festes Band.
Kunst und Fleiß und Neigung für das Schöne
Einten sich, wie reine Farbentöne;
Und so gingt selbander Ihr die Bahn
Stark und treu nach einem Ziel hinan.

Nicht die Sorge fehlte, nicht die Mühe,
Blindem Glück nicht dankt Ihr Euer Glück.
Reges Schaffen galt es spät und frühe,
Jetzt mit Stolz blickt darauf Ihr zurück.
Wer voll Dauer fort und fort gerungen,
Sich durch eig'ne Kraft empor geschwungen,
Und die Wege des Gerechten ging,
Ist des Kranzes werth, den er empfing.

Euer ward der Kranz, des Strebens Krone;
Blüthe kam zur Blüthe, Frucht zur Frucht;
Und Ihr fandet in dem reichen Lohne
Jeden Preis der Tugend ungesucht.

Euerm Aelternglück und Aelternsegen
Kamen Dank und Liebe heiß entgegen;
Immer reicher ward der Kranz belaubt,
Immer voller schmückt' er Euer Haupt.

Aber welchem Pfad und welchem Leben,
Seien beide noch so schön und licht,
Wäre steter Sonnenschein gegeben?
Auch dem Euren fehlte Schatten nicht.
Jener Schatten, der das Glück verbittert,
Jener Schatten, der das Herz durchzittert,
Jenes Loos, das Farben dunkeln heißt,
Und die Blüthen von den Kränzen reißt.

Doch da habt Ihr würdevoll getragen,
Was mit Kummer Euer Herz erfüllt;
Und die Wunden, vom Geschick geschlagen,
Habt Ihr vor der Neugier Blick verhüllt.
Jene Kunst des Lebens: fortzulieben
Auch im Leid — Ihr wußtet sie zu üben,
Immer offen, redlich, sonder Trug,
Denn Ihr hattet Euch — das war genug.

Und nach ernster Sorge, freud'ger Liebe,
Lenktet Ihr den bunten Lebenskahn
Seitwärts ab vom lauten Weltgetriebe,
Legtet Ihr an Mainbergs Ufern an.
Still zu rasten, aber nicht zu schlafen,
Suchtet endlich Ihr den heitern Hafen,
Dessen Lob: Gastfreundlichkeit — erschallt
Weithin, wo des Mainstroms Woge wallt.

Und dort blickt Ihr nun im Abendstrahle,
Irdischer Sorge seelenfroh entrückt,
Von der reinen Höh' zum Nebelthale,
Nur von edler Liebe still beglückt.
Wie Ihr standet, zwei vereinte Flammen,
Steht Ihr fest selbander noch zusammen,

Eine Pforte wandelnd ein und aus,
Und Zufriedenheit schmückt Euer Haus.

Lange, lange lebt noch so den Euern,
Euer Leben ist für Viele werth!
Ja, von allen Lieben und Euch Theuern
Wird für Euch der fromme Wunsch genährt.
Ob sie nah Euch wohnen oder ferne —
Alle stimmen in den Zuruf gerne:
„Ewig grüne fort der Sattler-Stamm!
Vivant Jubelbraut und Bräutigam!"

Das schon oben erwähnte, dem Jubelpaare gewidmete Sonett des Stadtkämmerer Carl Friedrich Düsenberg lautet:

Ihr Hallen Mainbergs, wo der Friede waltet,
Ihr Höhen, dicht umkränzt von Wald und Reben,
Wie können Worte würdig euch erheben,
Den Zauber schildern, den ihr rings entfaltet!

Wohl seid ihr schön! Doch schöner noch gestaltet
In diesen Mauern sich ein reiches Leben,
Wo fünfzig Jahre laut das Zeugniß geben,
Daß treuer Gatten Liebe nie erkaltet.

Hier haben Kunst und Fleiß sich eng verbunden,
Den Ruhesitz Euch Theuren zu bereiten,
Ein freundliches Asyl im Sturm der Zeiten.

Und dankbar preisen Enkel noch die Stunden,
Wo sie in Eurem Kreis ein Glück empfunden,
Das Euer Haus auf ewig soll begleiten!

Beim Mittagessen hielt der Hausfreund Herr Pfarrer Emmert aus Zell eine Anrede — und Reden, Toaste und neuankommende Gaben erheiterten die Theilnehmenden, am meisten aber ein Gedicht des jüngsten Sohnes, Dr. Ernst Sattler aus New-York, wohin derselbe eine wissenschaftliche Reise unternommen, das die wichtigeren Familienereignisse durch alle Zweige und Zweiglein des Stammbaumes in humoristischer Weise den Anwesenden vor das Gedächtniß führte.

Auch der Nachmittag brachte noch viele poetische und künstlerische Gaben und Glückwünsche von nahen und fernen Freunden, und den Schluß machte eine Medaille, geprägt auf die Vollendung des Jubeljahres am 14. Februar 1859 und von sämmtlichen 10 Kindern und 25 Enkeln gegeben, auf welcher sich die Büsten des Ehepaares aus der Zeit von dessen höchster Thätigkeit in den Jahren 1843—49 befinden, als Sattler Landtags-Abgeordneter war und Catharina Sattler ihr Talent in Ausstattung des Schlosses Mainberg entfaltete.

Noch bis spät Abends blieb das Brautpaar heiter und unermüdet im Kreise der glücklichen Familie, der Kinder und Enkel. Der Vater und Großvater war von der Festfreude völlig durchdrungen; er sagte: „Ich wünsche Jedem von Euch, daß er ein solches Fest feiern, oder ein so hohes Alter erreichen möge, denn ich kann Euch sagen, daß ich in meinem langen Leben kein größeres Glück empfunden habe, wie das, was ich heute fühle. Solche hohe und wirkliche Freuden, wie das Alter sie zu spenden vermag, kennt die Jugend nicht."

Zu den Festgaben der Familie gehörte auch noch ein schön gearbeiteter, großer Familientisch, auf dessen Platte an einem traubenreichen Rebstock das Familienwappen gemalt ist, statt des Helmes von einem Eichlaubkranze bedeckt, aus dem fünf Feldrosen aufwachsen. Im oberen schmalern Quertheil zeigt es zwei ebensolche Rosen im goldenen Felde, im unteren und breiteren einen silbernen Fluß schräg von links nach rechts aufwärts geschlängelt im blauen Felde. Der Mantel rechts Silber mit blauem Futter, jener links blau mit Silber ausgeschlagen. Zu beiden Seiten der doppelten in einander geschlungenen Ranke stehen auf Schilden die Namen und Geburtstage des Jubelpaares, und dann umgiebt ein Kranz ähnlicher Schilde mit den Namen der 10 Kinder die Mitte, jedes Schild auf einem Weinlaubblatt, von dem aus wieder als Sprossen die Namen der 25 Enkel sinnig angebracht sind. Das Ganze umzieht ein breiter Schriftrand, der folgende Strophe als Denkspruch enthält:

> Wachse, Stamm der Sattler, grüne, blühe, treibe
> Segensreiche Ranken, bringe edle Frucht;
> Wachse und gedeihe! — Deinen Sprossen bleibe
> Deutsche Vätertugend, Treue, Sitte, Zucht*).

Welche Theilnahme dieses Jubelfest in Nähe und Ferne fand, mag aus der Mittheilung erhellen, daß nur allein über 130 beglückwünschende Briefe und Gedichte eingingen; der Gedichte allein waren 15, dabei ein gesticktes, der Photographien und sonstigen Bilder 9, ohne die übrigen Festgaben.

Es war W. Sattler vergönnt, auch noch den Schluß seines goldenen Jubeljahres zu erleben, und auch an diesem stiller begangenen Festtag sah er die zahlreiche Familie noch einmal froh um sich und seine Jubelbraut vereinigt. Auch der jüngste Sohn, Ernst, war jetzt zugegen. Es fehlte nicht an erneuten Glückwünschen, Ehrendiplomen u. dergl., aber die treuen Wünsche, ihn noch eine Reihe von Jahren den Seinen erhalten zu sehen, sollten leider nicht in Erfüllung gehen. Ohne die mindeste Todesfurcht sah er doch wohl im Geiste das Ende seiner Tage herannahen, zumal schon im Jahre 1857 und 1858 ihn schwere Krankheitsanfälle heimgesucht hatten. Er schrieb im Frühling 1859 noch einmal fast an alle seine Freunde, Kinder und Enkel, sprach aber

---

*) Von L. Bechstein gedichtet.

wie von Tod und Sterben, nur eine eigenthümliche Traumerscheinung erwähnte er zu Anfang seines Todesjahres und schrieb sie mit folgenden Worten eigenhändig nieder, als einen Beweis, daß gleiche körperliche Zustände auch gleiche geistige erzeugen:

„Ich bin jetzt in meinem 76. Lebensjahre. Ich war vorige Woche an einem heftigen Catarrh mit starkem Husten unwohl und mußte zwei Tage deshalb das Bett hüten. Natürlich waren die Nächte durch mein Unwohlsein schwer, und ich konnte nur Stunden lang schlafen. Dabei hatte ich sehr lebhafte Träume eigener Art, so besonders einen, dessen ich mich wachend sehr genau erinnerte, und beim Traume selbst deutlich wußte, daß ich denselben Traum bis ins kleinste Detail schon vor etwa 20 bis 25 Jahren, und auch schon einmal vor 40 bis 50 Jahren gehabt hatte, während er mir in der Zwischenzeit niemals in Erinnerung kam. Es war, als wenn ich bei einem kleinen See oder Wassertümpel mich befände, in welchem eine Quelle ausströmte, die starke Erdkrusten an- oder absetzte. Das Wasser dieser Quelle hatte einen faden, eigenthümlichen Geschmack, den ich auf der Zunge und am Gaumen gleich wieder erkannte, und es war mir sehr deutlich, daß er vor 20 und vor 50 Jahren — in denen ich beide Male große Krankheitsperioden zu überwinden hatte, ganz genau ebenso geschmeckt. Diesesmal war in dem Tümpel wenig Wasser mehr, und es war fast Alles trocken durch Inkrustirung. Ich konnte bis zur Quelle gelangen, die nur einen kleinen Umfang hatte, aber sehr tief zu sein schien. Sonst war Alles dem ähnlich, Oertlichkeit, Farbe und Geschmack, wie es mir die Träume früherer Jahre gezeigt hatten."

Diese Aufzeichnung von W. Sattler erscheint als ein Vorgefühl des Versiegens seiner eigenen tiefen Lebensquelle, und ist die letzte Notiz in der schon erwähnten Sammlung von Aufsätzen, denn unerwartet von ihm und seiner Familie sollte sein Lebenslauf kurz nachher durch eben diese Krankheit, ein Unterleibsleiden, wie er es vermuthet hatte, sich vollenden.

Ganz heiter und vergnügt besuchte er am 9. Juni, an einem Donnerstag, in Begleitung seiner Gattin die Tapetenfabrik und führte sie am Arm die breite Treppe hinab. Da fühlte er plötzlich einen stechenden Schmerz im Unterleib, wahrscheinlich durch einen kleinen Fehltritt, den er auf der Treppe that, welcher Schmerz aber schnell wieder verschwand. So achtete er nicht weiter darauf, aber der Pfeilschuß des Todes saß. Er hatte vor, Abends noch nach Schweinfurt zu fahren, als sich der Schmerz wiederholte, weshalb er die Spazierfahrt aufgab und den Hausarzt Dr. Kleemann rufen ließ. Aber trotz der angewandten Mittel verschlimmerte sich das Leiden durch erhöhte Entzündung sehr schnell, und da der Zustand des Kranken ein bedenklicher wurde, so zog man auch noch Herrn Dr. Fischer aus Schweinfurt zu Rath, und der Schwiegersohn Sattlers, Dr. Ehrenberg in Kissingen, war gleich von dort nach Mainberg geeilt, als er Nachricht von der Krankheit erhalten hatte. — Die Aerzte waren einverstanden über die sehr gefahrvolle Lage des Patienten, und um keinen Weg unversucht zu lassen, wurde auch noch Dr. Lienhardt von Würzburg, ein berühmter Arzt und Operateur, zu Rath gezogen, der eine chirurgische sehr gefährliche Operation an ihm vornahm, die Sattler mit großem Muthe ausgehalten hat und welche glücklich vollendet wurde.

Da sich die natürlichen Thätigkeiten des Körpers in Folge dieser Operation wieder eingestellt hatten, so schöpfte Sattler sowohl als die Familie neue Hoffnung, die aber nur von kurzer Dauer war, denn am nächsten Morgen stellten sich alle die schlimmen Zufälle wieder ein, und die Aerzte gaben keiner Hoffnung mehr Raum, so daß auch die Söhne und Töchter und endlich auch die Gattin von der Ahnung des nahenden Todes mit Bangigkeit erfüllt wurden. — Nach sechs schweren und angstvollen Tagen des Krankseins, 24 Stunden nach der Operation, verlangte der Kranke, ein wenig auf die Seite gelegt zu werden, was mit

Hülfe von zwei Söhnen geschah, er rückte sich noch selbst den Stuhl an der Lehne bei und legte seine linke Hand auf denselben. So schlief er am 15. Juni Abends $5^1/_4$ Uhr ein, ohne Zucken, ohne Seufzer, ohne Todeskampf; die Söhne glaubten in der That, er schlummere nur, ebenso die herbeigerufene Mutter, die ihren langjährigen treuen Gatten verloren hatte. Das große edle Herz stand stille. Sattler war gestorben.

Der älteste Sohn schrieb an den befreundeten Herrn Pfarrer Balling in Schonungen die Bitte, da Mainberg zu dessen Kirchsprengel gehört, für die Beerdigung Sorge zu tragen. Bei der am folgenden Tage vorgenommenen Section zeigte sich als nächste Ursache des Todes eine Darmverengung und brandige Stelle, außerdem eine Degeneration der Nieren und viele Gallensteine, so daß ein langwieriges Krankenlager hätte eintreten können, wenn nicht der Entzündung ein so rascher Tod gefolgt wäre. Der Leichnam wurde im Bilbersaale des Schlosses, mit seinem schwarzen Hauskäppchen bedeckt, ausgestellt, Blumen waren auf die weiß überkleidete Hülle des Entseelten gestreut. Er hatte immer gewünscht, in freier Erde zu ruhen, damit Regen auf seinen Grabhügel falle und seine Stoffe in baldigem Wechsel neue Verbindungen eingehen möchten. Dieser Wunsch wurde erfüllt, aber alle Stoffwechsel und alle neuen Stoffverbindungen bringen wohl nicht leicht wieder einen solchen Mann hervor, sein Geist jedoch wird fortleben in seinem Wirken und weiter zeugen.

„Im Voraus schon hatte," sagt C. Fr. Düsenberg in seinem kurzen Nekrolog desselben im Schweinfurter Tageblatt Nr. 143 vom 18. Juni 1859: „W. Sattler zu seiner Ruhestätte ein Plätzchen neben dem Leichenhofe des Dorfes käuflich erworben und herrichten lassen, ohne jedoch weitere besondere Anordnung wegen seiner Beerdigung zu treffen. Diese wurde von seiner Gattin und seinen Kindern in seinem Geiste geleitet, indem sie zwei seiner Freunde, den schon erwähnten Herrn Pfarrer Balling zu Schonungen und den Herrn Pfarrer Emmert zu Zell, ersuchten, einige Worte an seinem Grabe zu sprechen. Von seinen Nachbarn wurde er in aller Stille an seine Ruhestätte getragen und eine lange Reihe zahlreicher Freunde folgte unter dem Geläute der Glocken dem Sarge des Dahingeschiedenen. In dem einsamen, waldbeschatteten Thale von Mainberg ruhet nun seine irdische Hülle; aber seine Werke bleiben ein unvergängliches Denkmal der Erinnerung an ihn, und die Thränen seiner hinterlassenen Familie werden noch lange sein stilles Grab benetzen."

Beide Grabredner vermieden aus nahe liegenden Gründen als Geistliche ihrer K i r ch e n zu sprechen; sie sprachen, wozu sie voll berechtigt waren, als F r e u n d e des Hingeschiedenen, des Hauses, der Familie, und was sie sprachen, war einfache, edle Wahrheit; deshalb mögen ihre Reden den Schlußstein dieser Lebensschilderungen bilden.

Worte am Grabe,
gesprochen von
Herrn Pfarrer Balling aus Schonungen.

Hochzuverehrende!

Wenn ich die Absicht hätte, dem hier ruhenden Herrn Johann Christian Wilhelm Sattler eine Grabrede zu halten, so fände ich in seinem langen und thatenreichen Leben reichen Stoff zu einer schönen Lobrede; allein der Verstorbene war kein Freund vom Lobe, und das Gute, was er that, ging nicht aus Sucht nach Menschenlob oder Dank hervor, sondern allein aus seinem guten, edlen Herzen. Wenn der Verlebte eine Verfügung über die Art seiner Beerdigung getroffen hätte, so würde er sicher vor Allem den Wunsch ausgesprochen haben, daß an seinem Grabe keine Rede gehalten werde. Ich ehre diesen Wunsch; Eines kann ich mir aber doch nicht versagen, nämlich hier noch einmal öffentlich meinen Dank auszusprechen für die vielen und großen Wohlthaten, welche der Verstorbene meiner Pfarrgemeinde, namentlich dem Orte Schonungen, nach dem Brande, sowie auch mir erwiesen hat. Er hat mich Obdachlosen in sein Haus aufgenommen, hat mich mit Güte überhäuft und mir in gesunden und kranken Tagen die regste Theilnahme bewiesen. Meine Pfarrkinder und ich wissen, welche Pflicht wir gegen unsern verstorbenen Wohlthäter haben, und wir werden diese Pflicht gegen den hier Ruhenden niemals vergessen.

Nun habe ich nur noch im Auftrage der trauernden Wittwe und Verwandten den innigsten Dank auszusprechen für das zahlreiche Ehrengeleite, welches Sie, Hochansehnliche, dem Verstorbenen zu Grabe gegeben haben. Derselbe sagte mir einmal: Er glaube nicht, daß er einen persönlichen Feind habe. Im Allgemeinen konnte ich dieser Aeußerung nicht beipflichten, da auch der beste Mensch noch Feinde hat; insbesondere aber gab ich zu, daß der Verlebte durch eigene Schuld sich keinen persönlichen Feind zugezogen habe. Denn Er selbst war keines Menschen persönlicher Feind, und hat wohl niemals mit Wissen und Willen Jemand gekränkt, so wie er auch — dessen bin ich Zeuge — von Niemanden jemals Uebels geredet hat: — eine Tugendblume, die wir Alle vom Grabe des Verlebten uns zum Andenken mit heim nehmen sollten. Ein solcher Ehrenmann war es werth, nicht nur keinen Feind, sondern vielmehr recht viele Freunde zu haben. Und er fand sie, dessen sind Sie, Hochverehrteste, sprechende Zeugen; er fand unzählige Freunde, die ihn hochschätzten und liebten, unter allen Ständen, unter den niedern Ständen, unter Seinesgleichen, unter höheren, ja unter den höchsten Ständen. Die Nachricht von seinem Hinscheiden wird allgemein mit Theilnahme und Wehmuth vernommen werden, um so mehr, als der Verlebte, welcher am 13. vorigen Monats sein 75. Lebensjahr vollendet hatte, noch so kräftig am Geiste und Körper war. Es war dieses der Lohn seiner großen Mäßigkeit und unermüdlichen Thätigkeit. Der heitere Abend seines Lebens hätte sich leicht noch auf manches Jahr ausdehnen können und es wäre ihm dieses um so mehr zu gönnen gewesen, als sich derselbe erst zwei Tage vor seinem Tode einer schmerzhaften Operation unterwarf und dieselbe mit bewunderungswürdiger Geduld überstand. Es kam leider anders! —

Ich schließe mit diesen wenigen Worten; aber die Thränen, welche am Grabe des Verlebten und in den Wohnungen derjenigen stille fließen, welche an ihm einen Wohlthäter verloren haben, sie werden noch lange sprechen; sie sind die nachdrucksamste Lobrede auf den hier Ruhenden. Sie sind gerecht, diese Thränen; denn sie gelten einem wahrhaft guten und edlen Menschen. — Friede seinem Andenken! —

Worte am Grabe,
gesprochen von
Herrn Pfarrer Emmert aus Zell.

Alles, was Sie eben gehört haben, trauernde Freunde, ist ein Wiederhall der Gefühle, die sich dessen unwillkürlich bemächtigen, der mit dem theuern Vollendeten, dessen Grab sich vor uns geöffnet hat, in nähere Berührung zu kommen, das Glück hatte. Ich sage mit besonderer Betonung „das Glück hatte"; denn Ich wenigstens habe es stets zu den glücklichen Stunden meines Lebens gerechnet, wenn es mir vergönnt war, mit ihm, meinem theuren Freunde, näher zu verkehren und ebenso aus dem reichen Schatze seiner vielen Lebenserfahrungen, wie aus dem gewaltigen Geiste und der tiefen Weisheit, mit der er Alles um sich zu fesseln und zu sich zu erheben wußte, angeregt zu werden. Ein so thatenreiches Leben wie das Seine läßt es auch wohl kaum anders erwarten.

Und so erlauben Sie mir denn, daß auch ich meinen Gefühlen an diesem Grabe schwache Worte gebe; denn so wie ich mit dem verehrten Vorredner öfters an dem häuslichen Herde des Vollendeten zusammen getroffen, so möge es uns vergönnt sein, auch hier gemeinsam das auszusprechen, was wir empfinden.

Ich will nicht den Schmerz beschreiben, der ebenso verzeihlich als natürlich ist, wenn ein Band ehelicher Liebe, das über ein halbes Jahrhundert zwei innig verwandte Herzen umschlungen hielt, nun plötzlich zerrissen wird; denn der Kummer, mit dem dann eine solche treue Lebensgefährtin dem Gatten ins Grab nachsieht, läßt sich nur fühlen, nicht beschreiben.

Ich will nicht davon reden, was 9 Kinder und 27 Enkel empfinden, wenn sie des Vaters Grab umstehen und scheiden müssen von dem, der ihres Lebens Freude, der Stolz einer hochgeehrten Familie, der Gründer ihres häuslichen Glückes und der weise Berather in jeder ernsten Lage des Lebens war; denn wo wollte ich die rechten Worte zu solcher Schilderung finden?

Ich will auch die Gefühle nicht beschreiben, die mit mir so manche Freunde des Verstorbenen, die er sich in großer Zahl in der Nähe und Ferne durch seine persönlichen Vorzüge, durch seine geistige Kraft und seinen liebenswürdigen Umgang zu erwerben wußte, empfinden; denn die Theilnahme aller der Vielen, die in diesem Augenblicke trauernd an seinem Grabe weilen, spricht laut und deutlich genug dafür, daß sie wissen, was wir Alle an ihm verloren.

Endlich will ich auch Euch, Ihr Angehörigen dieser Gemeinde, nicht daran erinnern, daß man eben Den zur Erde bestattet, der so oft von den Zinnen seines Schlosses da droben mit den Augen eines liebenden und sorgenden Vaters auf Euere Wohnungen herab sah, da und dort suchend, wie eine Noth sich zeige, eine Sorge aufkeime und von wo er dann in oft gar nicht bekannt gewordener Weise mit eilender Hand und im Stillen den Kummer zu scheuchen und die Thränen zu trocknen bemüht war; denn die Bewohner dieses Thales wissen es nur zu gut, daß mit ihm ihnen Allen ein Vater begraben wird.

Aber ich will daran erinnern, was meine Vaterstadt, was ganz Schweinfurt, das ihn mit Stolz zu seinen Bürgern zählte, heute empfindet. Alle Schichten der Bevölkerung hat nur Ein Gefühl durchdrungen, — das, daß ein großer Geist, daß ein edler Mensch, daß ein Bürger, wie ihn selten eine Stadt aufzuweisen hat und wie nur sehr entlegene Zeiträume einen solchen hervorbringen, aus ihrer Mitte geschieden ist. Die Anspruchlosigkeit, mit welcher er seine seltenen Tugenden und Vorzüge wirken ließ, die Unterstützungen, die so manche Anstalt, so manches Unternehmen, so mancher Einzelne aus seinen Händen empfing, der Einfluß seiner geistigen Kraft, den er unbemerkt zum allgemeinen Besten anzuwenden wußte, die Klugheit, mit der er in stets richtiger Würdigung der Lebensverhältnisse nach innen und außen sein Talent nützte, — das Alles ist viel zu bekannt, als daß es nöthig wäre, jetzt an seinem Grabe erst bewiesen zu werden. Denn nicht blos unserer Stadt und Gegend gehörte er mit seinem Wirken an; auch draußen in weiteren Kreisen, im ganzen Vaterlande, ja darüber hinaus, wurde sein Name unter die edelsten gezählt, und seines Hauses, wie seines Namens Ruf steht fest gegründet da.

Weniger bekannt vielleicht, aber darum nicht weniger rühmenswürdig, sind seine Vorzüge als Mensch. Durchdrungen von einem heiligen Gefühle für Wahrheit und Recht, kämpfte er für diese edelsten Güter des Menschen mit einem Freimuthe, mit einer Ausdauer und mit einer Siegeszuversicht, die ihres Erfolges gewiß waren. Darum starb er auch hochgeachtet, wie Wenige im Vaterlande und selbst geehrt und ausgezeichnet von seinem Könige.

Ja das Gedächtniß des Gerechten bleibet im Segen. Mag der Tod darum auch bitter sein, weil ihm so manche Leiden nothwendigerweise vorhergehen müssen und er nur selten leicht und ohne Schmerzen kommt; weil er keine Verhältnisse, kein Alter schont und die zartesten Bande zerreißt; und weil er so viele Freuden des Lebens auf immer zerstört und es keine Herrlichkeit der Welt gibt, die er nicht vernichte; — ihm, dem heute unsere Theilnahme gilt, muß der Tod nach solchem Leben süß gewesen sein; denn alle Leiden seines Körpers sind nun geendet und alle Bürden von ihm genommen, seines Namens Gedächtniß, wie seines Hauses Ehre stehen da auf festen Säulen und das Bewußtsein, seiner Mitwelt, ja selbst der Nachwelt nicht vergeblich gelebt zu haben, läßt auch den letzten Todeskampf nur leichter überwinden.

Darum glaube ich jetzt im Sinne aller Anwesenden zu handeln, wenn ich Sie auffordere, Sie möchten, — jeglicher in seiner Weise, — ein stilles Gebet für den Verstorbenen sprechen. —

„Ruhe sanft im Grabe, leicht sei Dir die Erde!"

Das Schweinfurter Tageblatt brachte einen ehrenden Nachruf von dem Freunde Herrn Kaufmann **Ferdinand Fischer** zu Schweinfurt, der lange Zeit hindurch die Procura des **Sattler'schen** Geschäfts geführt hatte, und ebenso einen die Würzburger Zeitung von unbekannter Hand. In viele deutsche Zeitungen ging die Nachricht von W. Sattlers Ableben über, und überall hat sie Antheilnahme hervorgerufen.

Sollte ein Denkstein Wilhelm Sattlers Grab schmücken, so dürfte wohl kaum eine bessere Inschrift, die sein ganzes Wesen und Wirken darlegte, gefunden werden, als die Strophe von W. von Goethe:

Es wirkt mit Macht der edle Mann
Jahrhunderte auf seines Gleichen;
Denn was ein guter Mensch erreichen kann,
Ist nicht im engen Raum des Lebens zu erreichen.
Drum lebt er auch noch nach dem Jubel fort,
Und ist so wirksam, wie vorher er lebte;
Die gute That, das schöne Wort
Es strebt unsterblich, wie es sterblich strebte.